O QUE SE FALA SOBRE O "NÃO OUVIR"

CONVERSAS SOBRE A LÍNGUA BRASILEIRA DE SINAIS NO ENSINO SUPERIOR

Catalogação na Fonte
Elaborado por: Josefina A. S. Guedes
Bibliotecária CRB 9/870

A162q
2024

Abreu, Etiene
O que se fala sobre o "não ouvir": conversas sobre a Língua Brasileira de Sinais no ensino superior / Etiene Abreu. - 1. ed. - Curitiba: Appris, 2024.
98 p. ; 21 cm. - (Educação, tecnologias e transdisciplinaridade).

Inclui referências.
ISBN 978-65-250-5530-5

1. Língua Brasileira de Sinais. 2. Ensino superior. I. Título. II. Série.

CDD - B869.8

Livro de acordo com a normalização técnica da ABNT

Appris editora

Editora e Livraria Appris Ltda.
Av. Manoel Ribas, 2265 - Mercês
Curitiba/PR - CEP: 80810-002
Tel. (41) 3156 - 4731
www.editoraappris.com.br

Printed in Brazil
Impresso no Brasil

Etiene Abreu

O QUE SE FALA SOBRE O "NÃO OUVIR"

CONVERSAS SOBRE A LÍNGUA BRASILEIRA DE SINAIS NO ENSINO SUPERIOR

SUMÁRIO

1

APRESENTAÇÃO: MINHAS (E OUTRAS) HISTÓRIAS

Nós somos seres "contadores de histórias" (Connelly; Clandinin, 1995), valorizamos as muitas maneiras de narrar e de ouvir acontecimentos. Utilizamos, assim, diferentes maneiras: fotografias, músicas, poesias, textos – registrando para apreciação futura o que consideramos essencial de nossa existência. Nossas narrativas são contextuais. São atravessadas e atravessam o tempo. Proponho que este texto seja lido como uma conversa – um ato comunicativo, não informativo.

Para iniciar, gostaria de compartilhar um pouco sobre a trajetória que me aproximou dos estudos que apresento nesta obra: o contato com a docência e o contato com a língua de sinais.

O (auto)descobrimento como professora. O interesse por ensinar e aprender precede – e muito –minha formação acadêmica. O processo de me tornar professora parece ter iniciado ainda na infância, fazendo-me pensar no que descreve Freire (2001): "não nasci marcada para ser uma professora a esta maneira, mas me tornei assim na experiência de minha infância, de minha adolescência, de minha juventude"[1]. As experiências como estudante, o contato com professoras e professores, minha vivência familiar vem contribuindo para essa formação.

Obtive minha primeira certificação como docente ainda adolescente, em meados da década de 1990, ao concluir o Curso de Formação de Professores – ensino médio. Essa etapa de formação (que inclui o ingresso no curso, experiências vividas no decorrer de três anos de estudo e as expectativas e planos que surgiram ao concluí-lo) me aproximou de maneira sistemática de diversas teorias, filosofias e ideologias.

[1] A flexão para o feminino foi acrescida por mim.

Experimentar atividades, como docente, permitiu antever as possibilidades de atuação, ensino e aprendizagem.

O início no serviço público foi um marco importante em minha formação. Muitos questionamentos, discussões e reflexões surgem ao viver em contato com múltiplas realidades, com a heterogeneidade assumida, com muitas histórias, com decisões políticas, com opções (imposições?) teóricas. As pessoas que compõem esse cenário: estudantes e seus familiares, docentes, equipes administrativas, equipes de apoio e minha família, que (in)diretamente[2] participaram comigo desse espaço e possibilitam diálogos fundamentais para descobertas e aprendizados.

Atuo na escola pública desde o final da década de 1990. Nesse período, vivenciei importantes reflexões sobre a (então nova) Lei de Diretrizes e Bases da Educação Nacional, promulgada em dezembro de 1996, além de várias discussões sobre pensamentos e teorias educacionais contemporâneas. Destaco entre outras, as discussões sobre construtivismo, sistema de ciclos e práticas de alfabetização. Isso me possibilitou outras visões e reflexões sobre práticas pedagógicas.

Atuar como professora em múltiplos espaços, lidando com a pluralidade dos sujeitos, me instiga a questionar e investigar. Inicio minha experiência profissional nos anos iniciais do ensino fundamental, mas – felizmente – pude experimentar diversas situações de docência: turmas de "aceleração", classes "especiais", salas de recursos, atendimento educacional especializado, projetos educacionais, ensino profissionalizante e, mais recentemente, o ensino no nível superior. Essa multiplicidade despertou interesses, curiosidades e necessidades variadas de pesquisa.

---

[2] A opção de escrever aqui possibilitando a leitura da palavra de diferentes formas representa o conflito que tenho vivido como autora, buscando me desprender dos modos instituídos de escrita e, ainda assim, sentindo necessidade de manter-me presa. Nossa formação, no decorrer de muitos anos, nos move num caminho de "mesmice", repetição e enquadramento, muitas vezes. Desenquadrar-me não é fácil, nem simples. Provavelmente, em momentos do texto, ficará evidente alguma lógica "cartesiana" de apresentar as ideias. Mas espero que o discurso que aqui trago nessa transição – que oscila entre a vontade de compreender-me de uma outra maneira e a força das ideologias positivistas que por vezes me arrastam ao enquadramento instituído – deixe claro o mo(vi)mento de se pensar nas mudanças possíveis que experimento durante esse processo.

Há, no entanto, uma questão que vem me acompanhando: a possibilidade de lidar com outra língua – a Língua Brasileira de Sinais (LIBRAS). Lidar com pessoas brasileiras que não usam a língua portuguesa como primeira língua me desafiou em muitos sentidos: a pensar formas outras de compreender histórias, a buscar maneiras outras de perceber o mundo e a sociedade e, principalmente, a pensar como nos constituímos professores. Bastaria uma língua comum? Bastaria podermos nos comunicar? Bastaria conhecer métodos e técnicas? Do que realmente necessitamos para nos reconhecermos e sermos reconhecidos como educadoras e educadores? Essas inquietações me acompanharam com mais ênfase quando passei a atuar na formação de professores no ensino superior.

Uma outra língua: a Língua Brasileira de Sinais. Tive oportunidade de encontrar a língua de sinais nos espaços que frequentava. Era comum, ao perfazer os trajetos cotidianos, notar algumas pessoas surdas reunidas conversando animadamente. Aliás, somente algum tempo depois pude identificar como conversa aquele emaranhado de mãos e braços que se moviam com muita velocidade e precisão. Àquela época não era comum o contato com a língua de sinais, assim, avistar grupos de pessoas surdas interagindo sempre causava perguntas sobre como e o que conversavam, se era possível aprender aquela forma outra de comunicação, como participavam dos espaços.

A concepção que aprendemos sobre a diferença – alicerçada na Modernidade (Santos, 2010a), no binômio sim-não – muitas vezes nos faz crer que estamos absolutamente distantes daqueles que consideramos diferentes de nós – incompreensíveis diferentes. Essa noção também me permeava, era levada a pensar que surdos e ouvintes ocupavam posições distintas ou opostas. Sim, eu ouvia; eles, não. Sim, eu me comunico usando palavras da língua portuguesa; eles, não. Sim, eles utilizavam o corpo para se comunicar com imagens-palavras; eu, não. Sim-não. Eles-eu. Ainda assim, me senti motivada a participar daquele grupo de alguma forma e, para isso, precisava entender como se expressavam. Assim, me aproximei de um grupo de surdos e, aos poucos, fui aprendendo a língua que fala(va)m.

Essa relação com a língua de sinais me possibilitou (e possibilita) participar de outros espaços. A maneira como aprendemos marca nossa maneira de conhecer, de se aproximar, de experimentar. Aprender a língua de sinais sem participar de um evento formal, institucional de ensino, lidando diretamente com jovens surdas e surdos (assim como ocorreu com muitos que aprendiam língua de sinais à mesma época que aprendi[3]) me leva a refletir sobre o significado e a importância dessa língua. As conversas que tenho desde então com pessoas da comunidade surda me possibilitam aprender mais do que uma língua. Pude (e posso) aprender sobre outras formas de pensar e conhecer – e se reconhecer, aprender sobre o comunicar, a amizade, sobre o processo de ensino e aprendizagem. Percebo que a língua de uma comunidade reflete "a estrutura do seu mundo, isto é, como ela entende, define e procede à taxonomia das ideias sobre si própria, as suas relações, as suas hierarquias e o seu ecossistema" (Masolo, 2010, p. 330).

Mesmo aprendendo a língua de sinais durante minha formação como professora, não vislumbrava a possibilidade de que essa língua estivesse em minha trajetória profissional. Considerando os modelos educacionais da época, era impulsionada a me ver atuando no modelo considerado tradicional de sala de aula: em turmas de crianças ouvintes. Entretanto, com as mudanças nas políticas, em determinado momento, tive contato com a docência em língua de sinais.

A relação entre língua de sinais e minha atuação como docente nos anos iniciais do ensino fundamental foi se desenvolvendo no decorrer do tempo. Não de maneira automática e pronta. Percebi, nas atuações iniciais como professora bilíngue, que saber língua de sinais não me tornava uma "professora de surdos". A fluência necessária às conversas informais não se mostrou suficiente para a organização de ações pedagógicas que de fato consideravam a

[3] Àquela época, final dos anos 1990, a língua brasileira de sinais não era oficialmente reconhecida no país, logicamente, podemos imaginar que o aprendizado da língua de sinais não se dava por meios formais, já que estes também não eram incentivados e/ou validados. Muitas pessoas que atuam como intérpretes desde então aprenderam sinais nas experiências familiares, com amigos, em espaços religiosos, ou em outros ambientes onde havia a possibilidade de contato com pessoas surdas.

visualidade experimentada pelas pessoas surdas. E, ainda, conhecer algumas das teorias – escritas sobre surdos, para surdos – não era suficiente para me tornar uma professora que ensinasse crianças surdas e ouvintes, sem diferenciação. Dessa forma, outras inquietações, diálogos e discussões começaram a surgir e incorporaram-se às minhas atitudes – como professora em formação. Percebi, no decorrer dos anos, que meu olhar se transformava.

2

NARRATIVAS QUE ME INQUIETAM: MARCAS HISTÓRICAS

Compreendo que "as ciências humanas são históricas, por natureza, tanto pelos seus objetos como pelos seus modos de conhecimento. Por isso a história é consubstancial à própria constituição dessas ciências" (Nóvoa, 1999, p. 11). Assim, me senti impelida a narrar aqui histórias que escuto de pessoas surdas e as línguas que utiliza(va)m. Para Benjamin (1987, p. 229), "a história é objeto de uma construção cujo lugar não é o tempo homogêneo, mas um tempo saturado de 'agoras'". Transpor essa ideia de tempo homogêneo e linear contribui para que se perceba a história como algo além de retratos estáticos do passado.

> A memória não é absolutamente o exercício de uma fuga do presente nem uma justificação genealógica daquilo que é, e tampouco o inventário mais ou menos sistemático dos monumentos de um passado encerrado e definitivo que se pretende reativar por intermédio da nostalgia: não, é a imersão na fluidez do tempo e o traçado de seus múltiplos – e também interrompidos itinerários, a recomposição de um desenho que, retrospectivamente, atua sobre o hoje projetando-o para o futuro, através de um sentido, de uma ordem ou desordem, de uma execução possível ou não (Cambi, 1999, p. 35).

Portanto, não pretendo trazer um inventário de fatos, mas pensar o panorama histórico dessa conversa. Situemos essa história entre o final do século XVIII e início do século XIX. A sociedade buscava conhecimento na razão, na ciência. Entre muitas comunidades e sociedades, alguns grupos se destacavam por algo em especial: sua língua. Tais grupos comunicavam-se com línguas "visuais" (Rocha, 2008).

As comunidades surdas[4] utilizavam línguas de sinais para discutir assuntos variados, "havia muitos escritores surdos, artistas surdos, professores surdos e outros sujeitos surdos bens sucedidos" (Perlin; Strobel, 2006, p. 7). Diderot (2006), em 1751, já nos fala sobre a "língua dos gestos" e sobre suas experiências com pessoas surdas.

Para compor de modo mais nítido esse cenário, penso ser necessário refletir sobre as relações que se estabeleciam nesse período. Subsistindo e tomando força, as ideias iluministas configuravam uma maneira outra de pensar o conhecimento e sua produção. Tais ideias influenciam de maneira significativa as ideias acerca de "humanidade" – isto é, pensava-se uma maneira de descrever por meio de leis imutáveis os padrões de comportamento que eram considerados próprios de seres humanos. Sob esse prisma, diferenças/desvios assumiam uma posição – que pretendo retomar mais adiante – no intrincado emaranhado de relações desse período.

Para Santos (2010, p. 17), a ciência moderna, em meados do século XVIII, se torna agente "de uma transformação técnica e social sem precedentes na história da humanidade". Entre as mudanças sob os aspectos sociais, nas interações entre os sujeitos, nas relações de poder, Foucault (2010, p. 42-43) destaca a busca pela normalização, em áreas diversas:

> De um lado, a referência a um processo geral de normalização social, política e técnica, que vemos se desenvolver no século XVIII e que manifesta seus efeitos no domínio da educação, com suas escolas normais; da medicina, com a organização hospitalar; e também no domínio na produção industrial. E poderíamos sem dúvida acrescentar: no domínio do exército. Portanto, processo geral de normalização, no curso do século XVIII, multiplicação dos seus efeitos de normalização quanto à infância, ao exército, à produção, etc.

[4] O termo "comunidade surda" pode significar não só a reunião de grupos formados exclusivamente de pessoas surdas de determinada localidade, mas envolve também pessoas ouvintes que compartilham de seus interesses, como professores, intérpretes e familiares (Strobel, 2009). Sobre isso, falarei de maneira um pouco mais ampliada à frente.

> [...] a norma não se define absolutamente como uma lei natural, mas pelo papel de exigência e de coerção que ela é capaz de exercer em relação aos domínios que se aplica. Por conseguinte, a norma é portadora de uma pretensão de poder. A norma não é simplesmente um princípio, não é nem mesmo um princípio de inteligibilidade; é um elemento a partir do qual certo exercício do poder se acha fundado e legitimado.

Nesse contexto, portanto, parecia coerente compreender os processos educativos como centrais nas mudanças, ou melhor, na possibilidade de criar uma sociedade homogênea, formatada, normal(izada). Cambi (1999, p. 407) nos ajuda a perceber essa transformação ao afirmar que a pedagogia e a educação "se afirmaram como setores-chaves do controle social e, portanto, do projeto político e da própria gestão do poder (social e político)". Logo, as atenções se voltam para outros sujeitos, outrora ignorados dos processos educacionais.

Uma olhada rápida na história nos faz notar que as ações, antes voltadas quase exclusivamente "ao indivíduo adulto, assexuado mas masculino, identificado segundo um padrão de normalidade e pertencente à cultura ocidental oficial (da maioria)" (Cambi, 199, p. 386), passam a ampliar suas centralidades, pondo em foco outros sujeitos – entre eles "o deficiente" (Cambi, 1999, p. 3686). Podemos inferir, então, que os sujeitos surdos são colocados – empurrados, deslocados – para uma posição de destaque nos processos educativos. É importante aqui pontuar que essa "posição de destaque" – diferentemente do que pode parecer – não se traduz como uma posição privilegiada, mas sim saindo de uma certa invisibilidade, marginalidade nas discussões sobre instituições educativas, passando a ocupar, com outros grupos antes também marginalizados, o núcleo de atenção das práticas educativas.

Assim, vemos as pessoas surdas em suas comunidades com suas línguas, modos de pensar e tradições, os cientistas discutindo sobre a necessidade da razão e de leis para se chegar à "verdade", e docentes pensando formas de afirmar as ciências da educação como "Ciência".

Percebo, ao (re)contar essa história, um certo paradoxo. A interação entre esses grupos parece ser firmada principalmente nas discussões sobre e para a educação, porém, para cada um deles, "educação" parece assumir sentidos diferentes imbricados por suas formações, interlocuções, experiências, culturas.

Para as comunidades surdas, a princípio, a possibilidade de usar sua língua parece configurar uma condição *sine qua non* para as interações sociais, aprendizagens e conquistas. Retomo aqui uma importante questão relacionada ao termo "comunidades surdas". A palavra "surdas", nesse caso, trata de algo além do aspecto físico. Ou seja, podemos dizer que participar das comunidades surdas envolve mais do que simplesmente não escutar. Conforme afirma Strobel (2009, p. 6):

> A comunidade surda, na verdade não é só de surdos, já que tem sujeitos ouvintes junto, que são família, intérpretes, professores, amigos e outros que participam e compartilham os mesmos interesses em comuns em uma determinada localização que pode ser as associações de surdos, federações de surdos, igrejas e outros.

São considerados como participantes de uma comunidade surda, portanto, pessoas surdas ou não que compartilham interesses, língua, culturas. Além disso, podemos acrescentar o sentimento de pertencimento ao grupo. Nem todas as pessoas surdas se identificam com as comunidades surdas, podem buscar compartilhar em círculos sociais diversos – família, religião, vizinhança, escola – interesses, ideias e experiências com ouvintes. E nem todas as pessoas ouvintes são externas às comunidades surdas. Para ilustrar essa questão, é comum que em língua de sinais, nas narrativas surdas, haja distinção entre "ouvintes" e "intérpretes", ainda que ambas as palavras se refiram a pessoas que ouvem. Parece-me que, nesses casos, ao dizer "intérpretes" não se quer dizer que a pessoa ouve, mas sim que sabe língua de sinais. Na verdade, indica que essa pessoa compartilha de interesses da comunidade, o que a pode diferir das pessoas nomeadas como "ouvintes".

Assim, os termos "surdos", "surdas", "intérprete", "ouvintes" vão além das descrições físicas das capacidades auditivas/linguísticas. Esse deslocamento dos termos parece indicar que tais aspectos físicos não são tidos como essenciais – mas, sim, a possibilidade de diálogo, a possibilidade de compartilhar ideias, de ter voz e se fazer ouvir, de ouvir e compreender o outro. Dito isso, precisamos aclarar ainda quais eram os interesses compartilhados nas comunidades surdas no cenário que se desenrola nessa história:

> No início as associações de surdos tinham exclusivamente o objetivo de natureza social devido ao baixo padrão de vida no século XVIII, os sujeitos surdos tinham a finalidade de ajudar uns aos outros em caso de doença, morte e desemprego e, além disso, as associações se propunham a fornecer informações e incentivos através de conferências e entretenimentos relevantes (Strobel, 2009, p. 43).

Fica evidente que as comunidades surdas eram palcos de discussões críticas sobre suas situações cotidianas, suas experiências, seus direitos e a preservação da vida.

Voltando a atenção para as ideias científicas do período, temos indicações de que as discussões, tais como apareciam nas comunidades surdas, eram incompatíveis com as ideias de normalidade: as línguas eram "diferentes"; as concepções sobre a vida eram "diferentes"; as ideias sobre direitos e sociedades eram "diferentes". E, como já dito, as diferenças precisavam receber atenção para que tais sujeitos pudessem se enquadrar no modelo de sociedade idealizado. A invisibilidade aqui toma outro sentido. O sujeito tornava-se visível no que era "diferente", mas suas ideias e concepções pareciam permanecer invisíveis.

As instituições passam a "acolher" tais pessoas, porém, tal "acolhida" representava, muitas vezes, uma tentativa de enquadrá-los à norma. "A norma não tem por função excluir, rejeitar. Ao contrário, ela está sempre ligada a uma técnica positiva de intervenção e de transformação, a uma espécie de poder normativo" (Foucault, 2010, p. 43). Atendendo ao modelo de racionalidade científica, usavam-se "argumentos biológicos para fixar a especificidade do ser humano" (Santos, 2010, p. 40).

Por sua vez, educadores e educadoras pensavam métodos e técnicas para assegurar a cientificidade da educação e para (en)formar os cidadãos para a sociedade. Assim, pesquisadores como Edouard Séguin, Maria Montessori, Jean Itard, Charles L'Epée, Samuel Heinicke (Rocha, 2008), entre outros, demonstram esforços para pensar a educação para os "novos sujeitos educativos" (Cambi, 1999, p. 386).

Reflito então que, nesse contexto, a) reconhecer uma língua visual, distinta do que era compreendido por falar – emitir a voz sonoramente –, ia de encontro à norma; b) esse não reconhecimento, aliado à questão da norma, provoca uma acentuação nas pesquisas sobre métodos e técnicas educacionais que "contemplassem" os ditos "diferentes".

Essas relações deixaram impressas marcas na sociedade daquela época. Em uma das pontas da história, as comunidades surdas buscam uma participação na sociedade aliada ao reconhecimento de suas especificidades, direitos e interesses. Noutra ponta, cientistas atestam que, para uma sociedade bem-sucedida, é necessário haver controle sobre os que se desviam da norma. Ainda noutra ponta, docentes aliam a necessidade – vontade e interesse – de elevarem a pedagogia e os estudos em educação a um status científico e à procura por tornar a escola o espaço de (trans)formação da sociedade.

Nesse período, surgiram várias instituições educativo-normativas, assistivas e médicas de atendimento às pessoas consideradas "diferentes". Não são poucas, nem exclusivas deste ou daquele país, as iniciativas de ampliar as ações educativas para que "incluam" aqueles antes marginalizados. As pessoas surdas, nesse panorama, em diversos países, participavam de programas educativos com metodologias variadas, com predominância do uso de sinais – ainda que nessa época nem sempre fossem vistos como línguas.

No final do século XIX, houve, entretanto, uma reviravolta. No ano de 1880, acompanhando esse movimento mundial de discutir a educação de pessoas surdas, foi realizado um Congresso em Milão, na Itália. Nesse Congresso, foram votadas oito definições, nas quais ficavam estabelecidos os meios que dali por diante guiariam as propostas de educação de surdos.

É válido ressaltar que "os próprios professores surdos foram excluídos da votação" (Sacks, 2010, p. 35). Ficou instituído, pelas vozes que ali se encontravam, que a língua de sinais "atrapalhava" a aprendizagem da pessoa surda, sendo, dali por diante, o *Método Oral*[5] indicado para o ensino dos surdos. Segundo Sacks (2010, p. 33):

> O que estava acontecendo com os surdos e a língua de sinais era parte de um movimento geral (e, para quem preferir, "político") da época: uma tendência à opressão e ao conformismo vitorianos, à intolerância com as minorias de todos os tipos – religiosas, linguísticas, éticas. Foi nessa época, por exemplo, que as "pequenas nações" e as "pequenas línguas" do mundo [...] viram-se pressionadas a incorporar-se ou submeter-se.

Santos (2010) nos ajuda a compreender esse olhar ao discutir o conceito de "universal": para as classes hegemônicas, suas crenças, tradições e línguas deveriam ser universalizadas, passando a ser consideradas como verdadeiras, únicas e legítimas. Essas questões ajudam a pensar quais têm sido os grandes impedimentos das comunidades surdas desde então: sua diferença traduz-se no uso de uma outra língua, que expressa sua maneira de experimentar e ver o mundo. São pessoas consideradas – e muitas vezes relatam considerar-se – estrangeiras em suas próprias pátrias, já que sua maneira de pensar e se expressar não é compartilhada pela maioria que ali vive.

De fato, no final do século XIX, as pessoas surdas tiveram seus direitos radicalmente ignorados, tendo sido consideradas diferentes – sendo a diferença vista como pejorativa, como sinal de uma incapacidade –, e muitas ações decorrentes dessa decisão e concepção resultaram numa fratura na história dessas pessoas, levando-as à crise educacional, à parca participação social e, muitas vezes, à falta de condições para uma existência plena como cidadãos e cidadãs.

---

[5] Este "método" representa, na verdade, conjuntos de técnicas variadas que utilizam a aprendizagem da língua oral como objetivo principal da educação de surdos. O uso, a aprendizagem e o contato com a língua de sinais eram desaconselháveis, para que não atrapalhasse o processo de ensino.

Essa opressão implica(va) dificuldades em conscientizar-se de sua humanização – de sua historicidade, sua identidade, sua comunidade – pela impossibilidade de conhecer e se apropriar de um meio linguístico que permitisse sua expressão e interação com o mundo. Desde então, buscam afirmar-se como sujeitos com língua e cultura próprias, esperando que suas vozes – visuais – sejam ouvidas e vistas. Pesquisadores e pesquisadoras de comunidades surdas na atualidade têm enfatizado a necessidade de que se reafirmem os direitos das pessoas surdas. Estabelece-se como desafio "construir uma nova história cultural, com o reconhecimento e o respeito das diferenças, valorização de sua língua, a emancipação dos sujeitos surdos" (Perlin; Strobel, 2006, p. 17).

Em meados do século XX, era possível perceber algumas mudanças em torno das filosofias educacionais. A reabilitação e integração – que podiam ser entendidas como partes de medidas clínicas – são estendidas à educação, baseando-se na concepção de que o processo educacional poderia diminuir as diferenças, igualando os sujeitos e permitindo, assim, que participassem da sociedade. Em relação às pessoas surdas, a reabilitação dizia respeito à aprendizagem da língua oral do país, entendendo que o uso de uma "linguagem de sinais" – como era considerada à época – não seria suficiente para a interação plena na sociedade. Assim, o Oralismo, que – entre outras coisas – pregava a proibição da língua de sinais para surdos, começa a ser visto numa perspectiva também educacional: a normatização como opção para a educação e participação na sociedade. "O Oralismo percebe a surdez como uma deficiência que deve ser minimizada através da estimulação auditiva" (Soares, 1999 p. 30-31).

Nesse sentido, ignorava-se os processos pelos quais as comunidades surdas se organizavam antes de tais decisões, a língua que utilizavam, o estatuto dessa língua, a importância dessa língua para tais comunidades, a possibilidade que tinham de aprender e de participar da sociedade. Ignorava-se o até ali construído, impondo a oralidade como redentora da condição excludente a que as pessoas surdas eram submetidas:

> A opção pelo oralismo na educação dos surdos vinha, desta vez, acompanhada de um comportamento entusiástico pela educação. Através de um determinado método, os surdos seriam normalizados, escolarizados e tornar-se-iam cidadãos iguais aos outros (Soares, 1999, p. 81).

Não havia atenção com questões sociais e políticas que surgiam nas comunidades surdas. E a atenção com a questão educacional baseava-se na ideia que pessoas ouvintes estabeleciam, com base em suas experiências, como ideal. Conforme afirma Souza (2007, p. 33), "as estratégias reabilitadoras não eram avaliadas em sua eficiência – eram mantidas pela arrogância daqueles que se colocavam no lugar de saber o que era melhor para o outro surdo; ensurdeciam-se ao que lhes era solicitado".

Porém, as histórias subsequentes a esse período puseram em xeque a filosofia oralista, visto que a normalização idealizada não ocorria como o esperado. As crianças surdas ainda encontravam grandes dificuldades no decorrer de sua escolarização. "E foi só na década de 1960 que historiadores e psicólogos, bem como pais e professores de crianças surdas, começaram a indagar: 'o que aconteceu? O que está acontecendo?'" (Sacks, 2010, p. 36).

As barreiras enfrentadas por surdos e surdas precisaram ser significadas de outras formas e passaram, então, a existir propostas de se considerar, em parte, a visualidade como recurso para aprender as línguas orais. Segundo Sacks (2010, p. 36), passava a existir a crença "de que um sistema 'combinado', que combinasse sinais e fala, venha permitir aos surdos versados tornarem-se versados em ambas as línguas". Essa rendição a um *meio-termo* – assim como nos fala o autor – levou às propostas que se alinham à filosofia da *Comunicação Total.* Esta considerava a importância das línguas de sinais, mas atribuía a ela valor, na medida em que facilitasse ou possibilitasse a aprendizagem das línguas orais. Segundo relata Goldfeld (2001, p. 35):

> A filosofia da comunicação total tem como preocupação os processos comunicativos entre surdos e surdos e entre surdos e ouvintes. Esta filosofia

> também se preocupa com a aprendizagem da língua oral pela criança surda, mas acredita que os aspectos cognitivos emocionais e sociais não devem ser deixados de lado em prol do aprendizado exclusivo da língua oral. Por esse motivo, essa filosofia defende a utilização de recursos espaço-visuais como facilitadores da comunicação.

Defendia-se o uso de diversos meios "complementares" à comunicação, incluindo línguas de sinais. As línguas de sinais pareciam continuar no lugar de "linguagens gestuais", portanto, menos eficientes – daí a necessidade de aprender e usar outros sistemas de comunicação. Porém, a possibilidade de usar as línguas de sinais nos espaços escolares representava uma mudança na história.

> A Comunicação Total [...] por um lado ampliou a visão de surdo e surdez, deslocando a problemática do surdo da necessidade de oralização, e ajudou o processo em prol da utilização de códigos espaço-visuais. Por outro lado, não valorizando suficientemente a língua de sinais e a cultura surda, propiciou o surgimento de diversos códigos diferentes da língua de sinais, que não podem ser utilizados em substituição a uma língua (Goldfeld, 2001, p. 97).

No mesmo período, o avanço das tecnologias consideradas assistivas proporcionava discussões sobre o uso de próteses e aparelhos de ampliação sonora na educação e "integração" dos surdos. Nesse contexto, outras cisões se formaram entre pesquisadores, educadores, familiares, discentes das comunidades surdas e ouvintes. A surdez continua a ser vista como uma deficiência que precisa ser compensada de alguma maneira, ainda que com alguma intervenção médica. Fazia-se urgente para as comunidades surdas a defesa de suas línguas e identidades.

Apesar da manutenção das ideias de normatização, medicalização e institucionalização nas décadas seguintes, é nesse contexto que se abre caminho para um maior interesse e conhecimento sobre as línguas de sinais. As pesquisas realizadas por Stokoe, Bellugi e Klima sobre a língua americana de sinais a partir dos meados do século XX ampliaram as discussões sobre as modalidades linguísticas visuais em outros campos de estudos (Wilcox; Wilcox, 2005). No Brasil, nas décadas de 1980 a 1990, pesquisas sobre a língua brasileira de sinais ganharam contorno, tornando possível discussões sobre educação bilíngue e sobre a legitimidade da LIBRAS. Porém, pesquisas e estudos sobre línguas de sinais dentro dos campos de estudos em Educação ainda eram insipientes. Uma formação docente que contemplasse compreensões sobre questões linguísticas e identitárias relacionadas à educação de pessoas surdas era dificultada pela falta de políticas e ações que ratificassem a importância de tais discussões.

> Já circulava, desde 1995, o manual elaborado por Ferreira Brito, que pioneira nos estudos linguísticos de Libras no Brasil, já defendia a educação bilíngue para surdos pelos idos de 1980! Publicou, nessa direção, vários livros e artigos que, vale lembrar, não circulavam, via de regra, nos cursos de formação de professores da época. Pelo contrário, eram ignorados (Souza, 2007, p. 193).

Como Freire (1967) afirma, compreender a história colabora para a compreensão do papel social que assumimos, permitindo-nos refletir e agir sobre ele. O autor defende a educação como ato político, já que esta contribui para que cidadãos e cidadãs se conscientizem de seu papel na sociedade e tenham instrumentos para tornar sua participação transformadora. Essa possibilidade de diálogo e de auto(re)conhecimento poderia contribuir para profundas mudanças sociais, na opinião de Freire.

Assim, penso esse processo de retomada da história feito até aqui como maneira de provocar reflexões sobre a formação e atuação docente frente às questões contemporâneas em educação, baseadas no paradigma de educação para todos. As ideias defendidas por Freire (1967) – sobre a conscientização de si e de sua condição e da possibilidade de transformação – nos ajudam a pensar nas transformações possíveis na história das comunidades e dos sujeitos surdos por considerar as línguas de sinais como línguas legítimas de construção de pensamento e conhecimento, e de expressão.

Isso significa apresentar a possibilidade – no cenário mundial – de que as pessoas surdas tivessem assegurado seu direito à cidadania, por terem novamente espaço para pensar o mundo e a sociedade em uma língua que lhes permitisse descrever plenamente suas experiências. Esse grupo poderia, por fim, significar o mundo e seu papel social nele – ideal defendido por Freire.

Durante um século de proibição, as línguas de sinais por todo o mundo (sobre)viveram. Quando a atenção se voltou para tais línguas, viabilizou-se um cenário diferenciado no final do século XX para as pessoas surdas: a possibilidade de maior participação social e, consequentemente, de reconhecimento das identidades e coletividades surdas. Surdas e surdos poderiam, enfim, participar das discussões sobre as práticas educacionais.

Nos anos 1990, principalmente a partir das Declarações de Jomtien e Salamanca, as discussões nas comunidades surdas estiveram interligadas às discussões acerca do respeito às diferenças e à implementação de políticas públicas que favoreçam a inclusão. No final da década, várias pesquisas, algumas delas promovidas na Universidade Federal do Rio de Janeiro (UFRJ), começaram a defender a legitimidade da Língua Brasileira de Sinais (Ferreira, 2003). Durante aproximadamente uma década, as comunidades surdas no Brasil defenderam veementemente o reconhecimento da língua de sinais brasileira e sua oficialização.

No início dos anos 2000, a Língua de Sinais Brasileira foi oficialmente reconhecida pela Lei n.º 10.436/2002 que, apesar das discussões que tem gerado sobre algumas limitações de seu texto, significou um grande marco (Ferreira, 2003). A promulgação do Decreto n.º 5.626/2005, que regulamentou essa lei, instituiu diversas ações em prol do reconhecimento dessa língua, inclusive – ou principalmente – na área educacional. Entre ações que deveriam ser concretizadas, está a implementação da disciplina de Língua Brasileira de Sinais nos cursos de nível superior de formação de professores, tornando evidente a necessidade de se discutir a heterogenia presente na escola não como algo negativo nem algo banal, mas como constitutiva do espaço escolar.

As transformações ocorridas nas décadas de 1990 e 2000 foram importantes passos para que houvesse mudanças na educação de surdas e surdos. A quebra de paradigmas, porém, não é rápida ou pontual. Refletindo sobre essa trajetória, podemos notar como é moroso o processo de transformação e reconhecimento: as línguas de sinais – negadas, sobre o preceito de que línguas orais são as que de fato possibilitam a construção do conhecimento – permanecem por mais de um século na *invisibilidade, inexistência, ausência...*[6] Sobrevivem pela resistência das comunidades surdas (Monteiro, 2006) e passam a ser valorizadas como primeira língua das pessoas surdas somente na década de 90 do século XX. Somente no final da primeira década do século XXI que finalmente houve uma abertura de espaço acadêmico para ensino e discussão *de, em* e *sobre* LIBRAS. Uma importante conquista política.

Esses acontecimentos nos induzem a pensar que melhorias significativas na vida acadêmica e social das pessoas surdas seriam iminentes, e que pessoas ouvintes e surdas poderiam interagir, compartilhar ideias e conviver de maneira mais próxima. Porém, a possibilidade de discussão não significa necessariamente um diálogo efetivo. Quando Sacks (2010, p. 15) começou a se envolver com a questão dos surdos, percebeu como o desconhecimento era intenso: "Nos últimos meses, mencionei o assunto a inúmeras pessoas e quase sempre obtive respostas como: 'surdez? Não conheço nenhuma pessoa surda. Nunca pensei muito sobre isso. Não há nada de interessante na surdez, há?'".

Quando comecei a lidar com o ensino de LIBRAS na universidade, pude vivenciar experiências semelhantes às de Sacks – mesmo sabendo que nossas histórias se passam em épocas diferentes (cerca de duas décadas nos separam). Em conversas com os estudantes, foi possível perceber como a compreensão sobre a "surdez" – entre outras identidades – poderiam ainda (mesmo após as transformações e conquistas) tender para a noção de desvio do padrão de capacidade e normalidade.

---

[6] O autor Boaventura Santos trata desses conceitos no livro *Epistemologias do Sul*, afirmando que o pensamento moderno abissal promove a ausência e a invisibilidade de grupos sociais, pessoas e saberes, por meio de diversos caminhos (Santos; Meneses, 2010).

Após contar que tivera pouco contato com pessoas surdas e que mantivera certa distância por não saber como (e se era possível) uma aproximação, uma estudante disse:

> *Enfim, foram essas as experiências e impressões que eu tive com surdos. Ou os enxergava no lugar da incapacidade, ou os enxergava como malucos* (Pedagogia. Semestre: 2010.2)[7].

Numa outra conversa com os estudantes, ouvi uma estudante relatar:

> *Não sei nada sobre a comunidade surda. Não conheço nenhum surdo adulto* (Pedagogia. Semestre: 2011.1).

O espaço da universidade tornou-se, então, o lugar onde tais questões puderam ser problematizadas, conversadas e pensadas coletivamente. Que (in)visibilidade tem a língua de sinais? Como têm sido (des)construídas as ideias sobre as pessoas surdas?

Apesar da falta de conhecimento ser um dos empecilhos para as conquistas da comunidade surda, não podemos ser ingênuos. As ideias dominantes – filosóficas, políticas, sociológicas – corroboram com o afastamento daquele posto como diferente. Skliar (2005) chama essa obsessão por "diferenciar", rotular o outro, de *diferencialismo*. Ainda na atualidade podem ser observadas práticas que não estimulam a participação efetiva de pessoas surdas na sociedade, mesmo no espaço escolar e acadêmico.

Porque, como ele mesmo aponta, "é esse diferencialismo o que faz que [...] os surdos sejam considerados o problema na diferença de língua" (Skliar, 2005, p. 52). Parece existir a manutenção da ideia de que as línguas orais como padrão hegemônico são superiores às línguas de sinais, ou que as línguas de sinais são apenas meios simplificados de comunicação que não conseguem significar conceitos abstratos ou, ainda, que são apenas suportes para o aprendizado de uma língua que de fato importe – uma língua oral hegemônica (Gesser, 2009).

---

[7] Falas de estudantes serão apresentadas com a indicação de curso e semestre em que estiveram na disciplina.

De fato, a diferença linguística tem sido considerada um "nó" na participação das pessoas surdas na sociedade. Baptista (2008) afirma que as principais dificuldades enfrentadas pela pessoa surda – quer na escola, quer em outros espaços de interação social – estão diretamente ligadas a questões de ordem linguística. Falando sobre a aprendizagem, reconhece que, apesar de a surdez não se constituir um impedimento, a não aprendizagem da língua materna nos primeiros anos de vida pode causar prejuízos ao desenvolvimento como um todo. Segundo ele, a língua tem como função primeira e primária a cognição e "o vazio linguístico impedirá a criança de ultrapassar o nível das operações mentais mais elementares" (Baptista, 2008, p. 59). Sacks (2010) concorda com tais ideias ao afirmar que um ser humano não é desprovido de mente ou mentalmente deficiente sem uma língua, porém está gravemente restrito no alcance de seus pensamentos, confinado, de fato, a um mundo imediato, pequeno.

Além disso, o uso de uma língua diferente ou a inacessibilidade à língua da família – e, portanto, às conversas, aos afetos, às aprendizagens – que a criança surda pode enfrentar trazem outras questões profundas que nem sempre são percebidas por nós, que não vivemos essa experiência:

> Nascer surdo numa família de surdos não é problema. [...] O problema maior é nascer surdo numa família de ouvintes. Aqui, os fenômenos de rejeição e abandono familiar são muito frequentes, o que significa que nem mesmo na família a imagem dos surdos é aceita com simpatia ou benevolência, de modo a criar nas crianças surdas um sentimento positivo de confiança e de segurança. A rejeição e o abandono atingem graus variáveis e modalidades diferentes. A modalidade mais frequente e porventura mais benigna é a marginalização sistemática do surdo na família ouvinte, quando todos falam e "esquecem" que o surdo fica à margem, assistindo a um filme mudo (Baptista, 2008, p. 109).

A experiência de Laborit (1994), narrada em sua autobiografia, nos aproxima ainda mais desse sentimento de afastamento e de conflito entre familiares surdos e ouvintes. Ao falar sobre o momento em que os pais dela a perceberam surda, ela diz:

> Minha mãe conta que já não sabia mais o que fazer comigo. Olhava-me incapaz de inventar qualquer coisa para criar uma ligação entre nós. Às vezes, chegava até mesmo a brincar. Não me dizia nada. Pensava: "Não posso dizer que a amo, porque ela não me escuta" (Laborit, 1994, p. 14).

A autora deixa nas entrelinhas os sentimentos sobre seus familiares – suas ideias a respeito dos sentimentos deles – em sua narrativa. Podemos compreender um pouco melhor quando, ao falar da mãe grávida de sua irmã e das necessidades que demandavam a situação, ela diz:

> [...] a chegada da segunda criança da família, quase sete anos depois de mim, era, naquele momento, a sua única preocupação. Mamãe tinha necessidade de calma, de se preocupar um pouco consigo mesma. Compreendo que a emoção ligada àquela esperança nova fosse bastante forte para ela; ela temia uma nova decepção (Laborit, 1994, p. 47).

A ideia de "decepção" pode estar relacionada não só às concepções sobre surdez versus deficiência, mas também às dificuldades comunicativas que são geradas pelo desconhecimento de uma língua comum aos pais e filhos. Segundo Sacks (2010), a maioria das crianças surdas é oriunda de famílias ouvintes, isto é, a maioria das crianças surdas passa por experiências semelhantes às acima descritas. Muitas famílias de maioria ouvinte, ao lidarem com os familiares surdos, evidenciam de modo contundente as ideias de segregação e exclusão que permeiam a sociedade.

Talvez esse fato contribua para que a escola tenha um significado importante, distinto e singular para surdos e surdas. Frequentemente, a escola é o primeiro espaço social onde a criança surda tem contato sistemático e assistemático com a língua de sinais e com outros sujeitos surdos. Sacks (2010, p. 42-43) fala sobre a experiência de Joseph – um jovem surdo que começa a ter contato com a língua de sinais na escola, o que lhe oferece outras possibilidades de encontro com outros e consigo mesmo:

> Isto manifestamente o deleitava; ele queria ficar na escola o dia todo, a noite inteira, o fim de semana inteiro, o tempo todo. Dava muita pena de ver sua aflição ao sair da escola, pois ir para casa, para ele, significava voltar ao silêncio, retornar ao vácuo de comunicação sem esperanças, onde ele não podia conversar, comunicar-se com os pais, vizinhos, amigos; significava ser deixado de lado, tornar-se novamente um ninguém.

Ler esse relato de Sacks me fez retomar as experiências de estar com as crianças surdas no espaço escolar e o desejo delas por conversar, contar, compartilhar, de perceber o encantamento delas pelas palavras, a curiosidade sobre o mundo e como palavras e curiosidades iam se tornando constitutivos do processo de *aprendizagemensino*[8], constitutivos do significado de escola. E, ao mesmo tempo, das responsabilidades que docentes têm de assumir frente a essas questões, pois a escola, espaço tão singular, poderia então se esvaziar de sentido se não permitisse esse encantamento.

Uma situação em especial me foi trazida por essa leitura e reflexão: certa vez, um dos estudantes surdos me procurou parecendo bastante chateado. Esse menino, com cerca de 12 anos de idade, frequentava também uma turma de ouvintes na escola – grupo em que ninguém, nem mesmo a professora, sabia a língua brasileira de sinais. E foi vindo desse espaço, dessa turma, que ele me procurou com ar aborrecido. Vai ser difícil traduzir aqui a forma como ele se expressou. Já que ele era o único surdo de sua família, foi na escola que ele teve contato com a língua de sinais e por vezes o uso que fazia da língua parecia evidenciar essas dificuldades. O que ele me disse poderia ser traduzido em português da seguinte forma:

> *Não quero mais usar a língua de sinais! A língua de sinais acabou para mim! Na rua, quando estou brincando de pipa ou de bola de gude, ninguém fala em sinais.*

---

[8] Para Lev Vygotsky, a aprendizagem não ocorre de maneira isolada. O processo de aprendizagem envolve quem aprende e quem ensina. Envolve, ainda, a relação entre esses sujeitos e desses sujeitos no processo. Comungando com a impossibilidade de dicotomizar aprendizagem e ensino, opto aqui por usar o termo escrito de forma não segmentada, com o termo aprendizagem em primeiro plano (SAMPAIO, 2007).

> *Bastam gestos* [ele utilizou sinais como se repetisse os movimentos de soltar pipa ou jogar bola de gude, balançando a cabeça assertivamente indicando que esses movimentos eram facilmente reconhecidos pelas outras crianças]. *Quando minha mãe me pede para falar algo a alguém ou comprar algo, ela escreve e não usa sinais, nem as pessoas a quem entrego o bilhete. Na escola, todos os meus colegas falam com a professora e ela os deixa ir ao banheiro ou beber água* [dramatizou como seus colegas de turma se aproximavam da mesa da professora e mexiam os lábios e a professora acenava com as mãos ou com a cabeça indicando que podiam sair da sala]. *Mas quando eu falo com ela em sinais, ela não entende! E demora demais para me deixar sair da sala* [essa parte da fala foi bem enfática, ele repetiu a palavra "banheiro" em LIBRAS, fazendo um movimento negativo com a cabeça e a expressão de estranhamento, indicando a reação de sua professora aos sinais que fazia. Passou a mostrar com o corpo a intensidade da angústia e cansaço que lhe causava, pois necessitava ir ao banheiro e a professora não compreendia o que pedia]. [...] *eu preciso fazer estes gestos...* [ele imitou os movimentos que fazia para a professora para que ela entendesse que queria ir ao banheiro]. *Só aqui, nesta sala, se fala em sinais...*[9]

Lembro como foi complexo lidar com esse desabafo. Hoje, pensando no que estava envolvido, vejo-me ainda mais consternada: aquele menino queria desistir das palavras, das conversas, por uma situação de incomunicabilidade que viveu na escola. A escola parecia ser, para ele, o único lugar das palavras e do conversar. Quando esse lugar falha, ele se decepciona.

Esse movimento de repensar – rememorar, refletir – me levou a considerar de maneira mais atenciosa a importância de se pensar a (form)ação docente. Como professora, pertenço também a este lugar:

[9] Deixo claro aqui que a forma como descrevo é muito subjetiva. Meu relato é baseado na lembrança –marcante – dessa experiência em minha trajetória profissional. A escrita da fala do estudante é aproximada. As imagens são vivas na memória, mas indescritíveis com palavras da língua portuguesa.

o espaço escolar. Um espaço compartilhado, que pode aconchegar – e não apenas receber e acolher ou hospedar, como afirma Skliar (2010) – crianças, jovens (ou mesmo adultos) que enfrentam tamanhas dificuldades para serem vistos e reconhecidos pela sociedade.

Nóvoa (1995, p. 9) afirma: "não há ensino de qualidade, nem reforma educativa, nem inovação pedagógica, sem uma adequada formação de professores". Diante de tais considerações, tenho me questionado: como pensar uma formação que contribua para que educadoras e educadores transformem seus olhares sobre a alteridade? Como futuros e futuras docentes podem valorizar a escola como espaço de *aprendizagemensino*, abandonando a visão hegemônica de segregar, ainda que de modo sutil, os "diferentes"? Como discentes do ensino superior percebem a língua de sinais no contexto acadêmico? Como essas percepções podem afetar os sentidos construídos sobre a escola por docentes e discentes das comunidades surdas e ouvintes?

3

CONVERSAS TEÓRICAS

Para além das conversas travadas com os estudantes e de retomar histórias de outros tempos, as questões que me acompanham me fizeram querer dialogar com autores que, com suas palavras, colaboram para uma elucidação e uma ampliação dos modos de ver. Busco ouvi-las com atenção. Quando nos abrimos para tal leitura dialógica, compreendemos que, ao nos expressarmos, quer de maneira escrita, quer falada, nos colocamos na posição de interlocutor, logo, podemos estar abertos à conversa.

Bakhtin (2010) colabora para compreendermos tal ideia, ao afirmar o livro como uma comunicação, um ato de fala, portanto, um diálogo. Segundo o autor, quando registramos de maneira escrita nossos pensamentos, nos inscrevemos numa "discussão ideológica de longa escala" (Bakhtin, 2010, p. 128), pois expomos ideias construídas socialmente e, ainda, compomos outras. Estaríamos, assim, antevendo uma conversa em que é possível objetar, afirmar, concordar, conquistar. Por esse motivo, para Bakhtin (2010, p. 127-128) o livro:

> É o objeto de discussões ativas sob a forma de diálogo e, além disso, é feito para ser apreendido de maneira ativa, para ser estudado a fundo, comentado e criticado no quadro do discurso interior, sem contar as reações impressas, institucionalizadas, que se encontram nas diferentes esferas de comunicação verbal.

Pensando de tal maneira, me (pro)pus a ter conversas teóricas com outros pesquisadores, me inscrevendo em suas *discussões ideológicas*. Freire (1996, p. 27), ao falar de princípios que considera fundamentais para a docência, fala da importância da leitura crítica, uma leitura que "me compromete de imediato com o texto que a mim se dá e a que me dou e de cuja compreensão fundamental me vou tornando também sujeito". Busco, assim, nessas conversas/leituras, constituir-me como sujeito que indaga, que constrói, que aprende.

Uma das conversas que venho estabelecendo é sobre o tema *Educação de Surdos*. Num diálogo com Santos (2009), ouço as ideias impactantes presentes em *Pedagogia do Conflito*. O autor apresenta ali algumas reflexões interessantes sobre a história. Para ele, há interesse por parte de um grupo da sociedade – um grupo com privilégios sociais, econômicos – na manutenção do presente. Ou seja, para esse grupo, o futuro, símbolo maior de transformação social e progresso, já alcançou seu ápice no presente. Toda a história passada justifica-se pelo que há no presente. Os meios para se alcançar o futuro – sejam meios violentos, excludentes ou opressivos – são desculpáveis, visto que resultaram em progresso. Como o presente beneficia quase que exclusivamente a tal classe, há a defesa de que o mesmo deva repetir-se indefinidamente: ou seja, defende-se *o fim da história*.

Porém repetir o presente significa a manutenção de ações indesculpáveis como exclusão, massacre, miséria, fome, desrespeito, intolerância. Santos (2009, p. 16) então diz:

> A verdade é que a repetição do presente é a repetição da fome e da miséria para uma parte cada vez mais importante da população mundial, é a repetição de novos fascismos transnacionais públicos e privados que, sob a capa de uma democracia sem condições democráticas, estão a criar um apartheid global, é, finalmente, a repetição do agravamento dos desequilíbrios ecológicos, da destruição maciça da biodiversidade, da degradação de recursos que até agora garantiram a qualidade de vida na terra.

Pensando na educação de surdos, arrisco-me a concordar com o autor. Arrisco-me ainda a afirmar que a Teoria do Fim da História fica evidente em diversas ações contemporâneas: a inclusão a qualquer preço, o diálogo pelo outro (e não com o outro), o abafamento da língua e de suas identidades são muitas vezes apontados como opção única para sua participação social. Defender a onipotência dessas ideias sugere que o que se alcançou até hoje deve ser preservado, mantido. Sugere, ainda, que a história dos surdos atingiu seu ápice: o futuro "desenvolvido" está aqui e agora, e o "passado" foi apenas um passo necessário para isso.

Conforme a autora Souza (2007) afirma, sob o preceito da inclusão pratica(va)m-se ações de conformação e normatização, mantendo o constrangimento e o sofrimento de sujeitos surdos. Apesar dos benefícios que tais políticas "inclusivas" possam ter trazido, preservaram algumas condutas excludentes e de segregação. Conhecendo um pouco da trajetória das línguas de sinais e dos processos de escolarização vivenciados pelas comunidades surdas, é possível compreender "por que os surdos sinalizadores[10] são avessos à simples menção da palavra 'inclusão'. Quer dizer, para eles, 'inclusão' adquiriu sentido similar ao de holocausto para os judeus" (Souza, 2007, p. 34).

Não se trata aqui de se posicionar contra a ideia de inclusão como um movimento de maior participação social, com a diminuição de barreiras, mas refletir sobre políticas que desconsideram as questões apontadas pelas próprias comunidades surdas e as especificidades linguísticas desse grupo. Por exemplo, muitas vezes são feitas propostas que parecem ignorar o fato de muitas crianças surdas, sendo filhas de ouvintes, chegarem à escola – nas séries iniciais ou na pré-escola – sem ter aprendido sua primeira língua, ficando à margem do que acontece em sua sala de aula. A interação fica dificultada: quer entre pares, quer com o professor, já que, mesmo que domine língua de sinais, não poderá falar em duas línguas simultaneamente. Apesar de a comunidade surda não defender a segregação ou a criação de guetos, reconhece e defende a importância da língua de sinais como língua de instrução – principalmente nos anos iniciais. Na maioria das vezes, a comunidade surda não é "ouvida" sobre suas considerações sobre educação.

---

[10] Sobre "surdos sinalizadores", no sentido utilizado pela autora, ver: SOUZA, R. M. de. Línguas e Sujeitos de Fronteira: um Pouco Mais, e Ainda, Sobre Educação de Surdos. *In:* ARANTES, V. A. (org.). *Educação de Surdos*: Pontos e Contrapontos. São Paulo: Summus, 2007. p. 32, nota de rodapé.

As comunidades surdas demonstram suas angústias frente a essas ações, evidenciando em seus textos, temas de pesquisas e discussões. Perlin e Strobel (2006, p. 38) nos ajudam a ver tais questões quando narram:

> Na antiguidade não havia a preocupação de formação educacional de sujeitos surdos, uma vez que os mesmos não eram vistos como cidadãos produtivos ou úteis à sociedade. A partir da Idade Média, muitos pedagogos e filósofos apaixonados pela educação discutiam sobre a integração social dos surdos: de qual integração se tratava? Qual seria o preço que o povo surdo iria pagar por esta integração? [...] Depois entra em cena a preocupação de resgatar os surdos do anonimato e trazê-los ao convívio social como sujeitos com direitos que mereceriam a atenção de todas as instituições educacionais organizadas e ocorreu a expansão do atendimento especializado com as campanhas de prevenção e identificação da surdez. Com a inclusão dos surdos no processo educacional, vimos que esses sujeitos não desenvolveram o seu potencial em virtude de que sujeitos ouvintes queriam que os sujeitos surdos tivessem o modelo ouvintista, impondo-lhes o oralismo e o treinamento auditivo, não respeitando a identidade cultural dos mesmos. E com isto houve o desequilíbrio educacional dos sujeitos surdos. Este discurso sobre a educação de surdos estava fora do contexto, pois muitas vezes os sujeitos surdos eram vistos como "retardados" sendo poupados dos conteúdos escolares mais complexos, empurrados de uma série para outra série e também foram proibidos de compartilhar uma língua cultural do povo surdo, sendo tratados como débeis mentais com a eternização da infância.

A definição de que há apenas uma solução, e que esta terá de se repetir indefinidamente, conduz muitos a pensar que não há esperança e melhora. Há, então, o conformismo. Aceitar o presente como situação (in)definida – definida por alguém e tendo seu fim indefinido – significa conformar-se com o que existe só porque existe, significa não se espantar com o sofrimento julgando-o "comum".

> A mesma teoria da história contribuiu para trivializar, banalizar os conflitos e o sofrimento humano de que é feita a repetição do presente neste fim de primeiro século. [...] Esta trivialização traduz-se na morte do espanto e da indignação. E esta, na morte do inconformismo e da rebeldia (Santos, 2009, p. 17).

Atualmente, ainda existem muitas ideias que circulam sobre as pessoas surdas. Circulam ideias que ratificam ser justificável uma criança viver ausente, sem língua, descolada de sua sociedade, MUDA, inerte, por conta de sua condição física. Muitos podem ser levados a pensar ser normal, justificável, uma criança não ter possibilidade de aprender uma língua, já que suas condições sociais assim o determinam: é uma criança surda, de família sem acesso à informação – ficando à parte. Concepções teóricas podem fazer parecer ser justificável que uma criança tenha contato com sua primeira língua apenas na idade escolar, abrindo mão da riqueza de sua primeira infância, por opção da família ou por força das políticas que se estabelecem. Algumas ações denunciam o pensamento de poder ser justificável que grupos de pessoas surdas, minoritários nas escolas e nos espaços acadêmicos, tenham que "competir" numa língua que não é a sua. Há quem possa julgar necessário que esse presente se repita e *fim da história*.

> Não existe história, a não ser para aqueles que não habitam, prisioneiros, no pensamento do Ocidente, para aqueles que nos dizem, que continuamos atolados na história: a história da ingenuidade, dos pensamentos divergentes e de conflitos que, nos volta a dizer uma e mil vezes, não nos deixar sair da história, nos faz permanecer ancorados na história, nos faz escravos da história (Skliar, 2003, p. 44).

Isso me sugere compreender que a defesa do fim da história implica dizer que o passado – o passado de ações violentas da classe hegemônica – está assim perdoado em nome de um futuro que não beneficia os grupos não hegemônicos. Pensando nas dicotomias propostas pela Modernidade, sabemos que a classe hegemônica pode assumir diversos "personagens": HOMEM > MULHER; RICOS > POBRES; OUVINTES> SURDOS. A legitimidade presente nas mãos dos que dominam os outorga o poder de decidir pelo outro.

A exemplo disso, Lodi (2005, p. 411), ao falar sobre as pesquisas sobre educação de surdos, afirma que:

> [...] pode-se observar que o foco dos debates sempre esteve relacionado a questões ligadas à(s) língua(s), ou seja, se os surdos deveriam desenvolver a linguagem oral (acompanhada ou não de sinais) e, assim, sua educação ser realizada e pensada a partir da língua utilizada pelos ouvintes ou se deveria ser permitido a eles (já que essa educação sempre foi determinada por ouvintes que se auto atribuíram poder para a tomada dessa decisão) o uso da língua de sinais, cujo reflexo seria também sentido nas esferas educacionais.

Essas questões direcionam-se, portanto, para a atividade docente. Quem exerce o direito de decidir sobre a educação de si e do outro? Quem atribui esse direito e por quê? Há que se mudar essa "delegação" de poderes?

Como professora, reflito sobre essas questões e me ponho a pensar sobre meus próprios modos de ensinar: será que em algum momento também não me dei o direito de decidir pelo outro sem ouvi-lo? O que teria me levado a isso? Tenho interesse em perpetuar essa ação ou em modificá-la? Como perpetuá-la ou modificá-la? Penso ser importante a valorização das experiências como forma de corroborar com uma postura crítico-reflexiva. No rever das experiências e ao conversar sobre elas, posso pensar em quem sou como docente. Além disso, ao compartilhar as experiências posso também compartilhar as críticas, as reflexões, afastando o conformismo que só serviria a repetir o presente, tal qual a *Teoria do Fim da História* reza.

No diálogo com Santos (2009) busco, então, outros modos de pensar a prática pedagógica e, por conseguinte, outros modos de discutir a prática pedagógica. O autor nos apresenta concepções que amparariam um projeto educacional que contrariasse essa forma hegemônica de se pensar o tempo presente e sua repetição.

> Só o passado como opção e como conflito é capaz de desestabilizar a repetição do presente. Maximizar essa desestabilização é a razão de ser de um projeto educativo emancipatório. Para isso, tem de ser,

> por um lado, um projeto de memória e de denúncia e, por outro lado, um projeto de comunicação e cumplicidade (Santos, 2009, p. 18).

Uma pedagogia do conflito possibilitaria a esses sujeitos o questionamento sobre o que seria possível se as ações mordazes do grupo dominante não tivessem sido impostas. Quais as possibilidades de desenvolvimento, de reconhecimento e de identidade? Defender uma educação em que:

> [...] a sala de aula tem de transformar-se ela própria em campo de possibilidades de conhecimento dentro do qual há que optar. Optam os alunos tanto quanto os professores e as opções de uns e outros não têm de coincidir nem são irreversíveis (Santos, 2009, p. 19).

Isso é garantir voz aos que não são legitimados, colaborando para que se organizem como grupo identitário, solidificando *argumentos credíveis em outras culturas.*

A ideia de uma sala de aula onde professores e estudantes têm voz nos remete a Freire (2009, p. 26), que, defendendo uma educação dialógica, afirmou:

> Cada um de nós é um ser no mundo, com o mundo e com os outros. Viver ou encarnar essa constatação evidente, enquanto educador ou educadora, significa reconhecer nos outros – não importa se alfabetizandos ou participantes de cursos universitários; se alunos de escolas do primeiro grau ou membro de uma assembleia popular – o direito de dizer a sua palavra.

Como maneira de aprimorar ainda mais nossa sensibilidade, poderíamos, nessa conversa com Freire, acrescentar à colocação dele: *não importa sua subjetividade, sua identidade – o outro tem voz.*

Para Santos (2009), três conflitos de conhecimento poderiam ser a base para um projeto de educação emancipatória. O primeiro deles está ligado à aplicação do conhecimento: *aplicação técnica* x *aplicação edificante*. A aplicação técnica da ciência tem por princípios muitos pressupostos da Modernidade, entre eles a suposta "isenção social e política" da ciência e do cientista. A ciência propõe organizar soluções simples, descontextualizadas, técnicas e frias para as questões sociais e políticas. Nesse princípio, quem pesquisa, ou aplica o conhecimento, não tem envolvimento com a situação ou com o "objeto", talvez por isso a técnica é tida como superior à ética.

Conhecer esses pressupostos ajuda a refletir sobre a trajetória das comunidades surdas e das línguas de sinais no decorrer dos anos a partir de novos prismas. A questão da língua, as conquistas do "passado", as posições políticas assumidas foram apagadas com a premissa de que o "futuro" permitiria uma solução técnica e indiscutível. Pensar, por exemplo, que em 1880, num Congresso, ouvintes decidiram que as línguas de sinais não eram "corretas" e, que, portanto, deveriam ser proibidas sob a desculpa de pensar na inserção desse grupo na sociedade – apesar de a comunidade surda estar inserida na sociedade, tendo professores formados, discutindo sobre educação e política, atestando o status de sua língua – indica bem o que Santos (2009) relata sobre os "donos" do saber científico:

> Na sua origem, este modelo visou converter todos os problemas sociais e políticos em problemas técnicos e resolvê-los de modo científico, isto é, eficazmente com total neutralidade social e política. Punha à disposição dos decisores políticos e dos atores sociais um conhecimento certo e rigoroso, que desagregava os problemas sociais e políticos nas suas diferentes componentes técnicas e lhes aplicava soluções eficazes, inequívocas e consensuais porque sem alternativa (Santos, 2009, p. 21).

A aplicação técnica da ciência tem levado a crer que experiências bem-sucedidas de suas soluções técnicas justificam o silêncio dos conflitos e das alternativas igualmente possíveis de aprender e ensinar. Pensar em surdos que alcançaram algum sucesso apesar de submetidos a violências – físicas, culturais, sociais – como argumento para defender que só há uma maneira possível de sua existência e relação com ouvintes é também uma forma de ratificar a ideia de técnica superior à ética.

Os surdos poderiam reproduzir as perguntas propostas por Skliar (2009a, p. 153), nos fazendo refletir: "Por que pensam que o único corpo possível é o de vocês? Por que creem que essa maneira de aprender é a única forma de aprender? Por que supõem que a sua maneira de pronunciar é a única correta?".

A aplicação edificante, em contrapartida, precisa – não segregar, ou abandonar, mas – permitir o compartilhar de conhecimentos, a comunicação e a reciprocidade como meios de permitir que os grupos criem/solidifiquem seus argumentos para defender suas opções políticas.

> Quem tem menos poder tende, por isso, a não ter argumentos para ter mais desse poder e, muito menos, para ter tanto poder quanto o do grupo hegemônico. A aplicação edificante consiste em revelar argumentos e tornar legítimo e credível o seu uso (Santos, 2009, p. 23).

Não se pretende, portanto, uma educação colonialista. No caso de nosso tema central, educação de surdos, implica não impor às comunidades surdas as opiniões e decisões, mas, num diálogo, compartilhar saberes, possibilitando outros, possibilitando que as pessoas aprendam, conheçam, se organizem e legitimem seu próprio conhecimento. O quanto se pode aprender por nos possibilitar pensar nos modos outros de conhecer? O quanto se pode aprender saindo da *mesmidade*? Não se quer provar a todo custo teorias prontas e imutáveis. A ética deve, logo, sobrepor-se à técnica.

O segundo conflito proposto por Santos (2009) é o *conhecimento-como-regulação* versus *conhecimento-como-emancipação*. O autor assim define os dois tipos de conhecimento:

> O conhecimento-como-regulação consiste numa trajetória entre um ponto de ignorância designado por caos e um ponto de conhecimento, designado por ordem. O conhecimento-como-emancipação consiste numa trajetória entre um ponto de ignorância chamado colonialismo e um ponto de conhecimento chamado de solidariedade (Santos, 2009, p. 28).

Ambos os modelos de conhecimento iniciaram na Modernidade, porém, o conhecimento-como-regulação ganhou maior força, inclusive atribuindo novo significado à trajetória colonialismo > solidariedade. Nessa ressignificação do conhecimento-como-emancipação a partir da ótica do conhecimento-como-regulação, a solidariedade é relacionada ao caos e à ignorância, enquanto o colonialismo representa a ordem e o progresso. Dessa forma, o conhecimento-como-regulação institui que é possível e justificável cuidar de que "classes ignorantes" sejam dominadas, para que cheguem ao conhecimento e à ordem, necessárias ao futuro e à transformação social. É interessante a colocação do autor, ao afirmar que *não há apólices de seguro* (Santos, 2009) numa pedagogia do conflito que ouse desnaturalizar o conhecimento-como-regulação.

Pensar no conhecimento-como-regulação como único conhecimento possível, e em sua subversiva forma de significar o conhecimento-como-emancipação, pode gerar a sensação de que estar subjugado mantém a ordem e, logo, é o correto. Não há o que se discutir. Porém, o conhecimento-como-emancipação defende a solidariedade e não o colonialismo, a reciprocidade, o caos, formas diversas e possíveis de conhecimento.

Em relação às comunidades surdas, muitas vezes, quando reivindicam seu direito de respeito à língua, são vistas como segregacionistas – querendo sair do jugo do colonizador – sendo subversivas à ordem. Assim, tenta-se convencer, de inúmeras maneiras, que para buscar a igualdade têm de se alinhar à ordem ou, de outra forma, seus direitos poderiam ser "cassados", como quando se define em que situações sua língua é válida e permitida. Pensar a educação é pensar que saber defendemos: colonialista ou solidário? "O conflito pedagógico será, pois, entre as duas formas contraditórias de saber, entre o saber como ordem e colonialismo e o saber como solidariedade e como caos" (Santos, 2009, p. 29).

Santos (2009, p. 36) define o terceiro conflito como um metaconflito, já que não se trata apenas de um conflito entre maneiras de conhecer, mas de "um conflito entre duas maneiras distintas de conceber o conflito entre culturas". Ele chama este de *Conflito entre o Imperialismo Cultural e o Multiculturalismo*. As culturas diversas são vistas e invisibilizadas de muitas formas.

Existe a ideia de uma cultura que seja superior e que, portanto, deve ser vista como única cultura possível, levando a acreditar que uma "aculturação" das minorias é justificável, consensual e sem alternativa. Faz crer, ainda, que não há conflitos, já que aponta para uma cultura única. Assim, as demais culturas – não hegemônicas – aparecem nos sistemas educativos apagadas ou subjugadas. Falando brevemente das discussões sobre interculturalidade trazidas pelo autor, é importante citar que os processos da globalização, na década de 1980, levaram a um processo de localização, onde povos, com suas culturas, buscaram se afirmar como legítimos. De fato, o autor defende a interculturalidade, pois:

> Ao contrário do multiculturalismo – que pressupõe a existência de uma cultura dominante que aceita, tolera ou reconhece a existência de outras culturas no espaço cultural onde domina – a interculturalidade pressupõe o reconhecimento recíproco e a disponibilidade para enriquecimento mútuo entre várias culturas que partilham um dado espaço cultural (Santos; Meneses, 2010, p. 16, nota).

Santos (2009) nos chama a atenção para o fato de essas discussões sobre interculturalidade não chegarem aos sistemas educativos, o que, para o autor, impede uma educação emancipatória. O *Imperialismo Cultural* não reconhece outra forma de relação entre culturas se não a hierarquização. Afirma, então, que o *epistemicídio* – o assassinato do conhecimento – tem sido uma situação recorrente em culturas subjugadas e dominadas. Para lidar com essa forma unívoca de enxergar os contatos entre culturas, o autor propõe a *Hermenêutica Diatópica*[11], uma maneira de reler as ideias a partir de suas variantes, reconhecendo a incompletude das culturas, exercendo a reciprocidade e a comunicação.

---

[11] A hermenêutica diatópica tem os seguintes pressupostos: 1º o universalismo é local, é próprio apenas da cultura ocidental; 2º cada cultura tem várias versões e nem todas são adequadas para participar do diálogo multicultural; 3º a versão cultural a ser escolhida para o diálogo deve ser aquela que permite maior reciprocidade.

A dominação cultural calou os grupos dominados, levando-os a crer que alguns temas são indiscutíveis. Mesmo dar a voz num diálogo, mas sem permitir que tais temas sejam discutidos, pode ser uma perversa forma de dominação.

Em nome do *epistemicídio* muitas pessoas surdas foram torturadas, segregadas, silenciadas, acreditando-se que seus conhecimentos não eram válidos. É necessário permitir que certos temas – negados às comunidades surdas e a outros grupos – sejam postos para discussão, questionamento e aprofundamento. Temas como língua, cultura e educação são frequentemente impostos pela cultura hegemônica ouvinte, num pseudodiálogo intercultural. Conforme nos lembra Skliar (2009a, p. 154): "nós fomos formados sendo altamente capazes de conversar acerca dos outros e altamente incapazes de conversar com os outros. E, sobretudo, fomos formados sendo altamente incapazes de deixar os outros conversar entre si!".

Pensar numa educação de surdos, e de educadores de surdos, envolve pensar na desestabilização do olhar, na alteridade, em modos outros de pensar. É importante refletir: "¿qué necesitan saber hoy los docentes para educar de otra manera?" (Dussel, 2008). Aqueles que se pretendem professores precisam compreender a importância da sala de aula como um campo de possibilidades, de interação e compartilhamento. E, por isso mesmo, de *conflitos*. Não raro, quando pensamos na questão da heterogeneidade presente no espaço escolar, pensamos nos conflitos como "problemas":

> Pero ¿quién es el Otro de la Pedagogía? El Otro de la Pedagogía para mí es aquel o aquella alumna, aquellos o aquellas alumnas con sus modos de ser, de moverse, de mirar, de sentir, de oír, de escuchar, de expresarse, la enfrentan a su metodología, su didáctica y su concepción de la relación educativa en forma de problema (Pérez de Lara, 2009, p. 49).

Porém, é necessário reconhecer que somos todos *outros*, cada um de nós, com nossa identidade construída nas relações que estabelecemos. Esses conflitos nos possibilitam aprender, nos reconhecer, nos constituir... "Porque ciertamente si el Otro no estuviera ahí no habría palabra, no habría relación, no habría vida humana" (Pérez de Lara, 2009, p. 49).

Pensar sobre educação, e aqui mais detidamente sobre a educação de pessoas surdas, me levou a pensar sobre *os discursos que ouvimos e (muitas vezes) perpetuamos sobre as pessoas surdas*. O diálogo com Skliar (2003; 2005; 2009a; 2010) me ajudou a rever meus olhares em direção às pessoas com quem interajo cotidianamente ou, nas palavras do autor, me fez "voltar a olhar bem o que já foi (apenas) olhado" (Skliar, 2003, p. 65). A conversa com o autor me levou a refletir sobre o sentido das palavras, principalmente as palavras: *diferença, diversidade e alteridade*. Frequentemente, como professora atuante em programas de Educação Especial – seja este o nome atribuído pela política vigente ou não – ouvi tais palavras como se fossem sinônimos. Porém, pude perceber como o próprio Skliar (2005, p. 53) diz:

> A questão das mudanças de nome não produz necessariamente nenhum embate, nenhum conflito, nem inaugura novos olhares nas nossas próprias ideias acerca de quem é o outro, de qual é a sua experiência, de que tipo de relação constrói ao redor da alteridade e de como a alteridade se relaciona consigo mesma. Pelo contrário: perpetua até o cansaço o poder de nomear, de designar e a distância com o outro.

Designar o outro como "diferente" manteve a distância, fez ficar em relevo o que se entende como falta ou déficit, e as pessoas – suas características, suas singularidades, suas identidades – deixaram de ser visíveis. Os "rótulos" trazidos pela educação às crianças que não se enquadram em seus padrões não nos faziam refletir sobre as crianças, mas apenas sobre suas "marcas" estereotipadas.

> Claro que seria muito mais fácil, mais cômodo e muito mais "profissional" (e muitíssimo mais violento) se compreendêssemos o outro como uma temática (o outro se transforma em um tema, sempre é um tema: assim, por exemplo, não há meninos

> nem meninas mas "infância", não há surdos mas "surdez", não há pobres mas "pobreza", "indigência", "classes populares", "classe baixa", etc.) (Skliar, 2009a, p. 147-8).

Ao falar sobre a temporalidade do outro, o autor traz uma importante discussão sobre o que as palavras podem ou não representar. É importante que tenhamos claro que a linguagem, nossa forma de expressar acerca das pessoas, das coisas, do mundo social, reflete uma visão de mundo, reflete uma opção teórica, uma opção política. Por isso pode constituir um problema "a relação da linguagem com as práticas de representação, e em particular, o privilégio dado à linguagem enquanto construção e circulação dos significados culturais" (Skliar, 2003, p. 63).

Veiga-Neto (2009, p. 33), falando sobre os múltiplos olhares possíveis, embora essa multiplicidade seja desprezada pela Modernidade, nos chama atenção para este fato: nossa maneira de olhar e significar o mundo expõe, de certa forma, as construções de outros sobre nós e de nós mesmos em relação com os outros:

> De tudo isso deriva a ideia segundo a qual todos os entendimentos do mundo (e, de novo, principalmente, o mundo social) se dão em combinações flutuantes entre olhares e enunciados, entre visão e palavra, entre formações não discursivas e formações discursivas.

As palavras *diversidade, diferença* e *alteridade* carregam em si suas significações e representações. Às vezes, por não nos darmos conta das questões imbricadas nas palavras, reproduzimos suas ideologias, acreditando que estamos propondo transformações. Por isso, considero relevante discutir, com base em Skliar, algumas representações possíveis de tais palavras.

Sobre a *diversidade*, Skliar (2005, p. 58) afirma:

> Suspeito, como muitos outros e muitas outras, do termo "diversidade". Ele carrega o aroma à reforma e uma rápida e pouco debatida absorção em alguns discursos educativos igualmente reformistas.

> "Diversidade" sempre tem me parecido "biodiversidade", isto é, uma forma leviana, descomprometida, de descrever as culturas, as comunidades, as línguas, os corpos, as sexualidades, as experiências de ser outro etc. E me parece, outra vez uma forma de designação do outro, dos outros, sem que se curve a nada à onipotência da mesmice "normal".

A diversidade como discurso fala de um outro diverso e múltiplo e, ao mesmo tempo, único: aquele diverso que se desvia do padrão. A definição trazida por Skliar (2003, p. 61) nos dá pistas sobre essas ideias que subjazem à palavra: "Diverso, como desviar-se, como afastar-se do seu caminho, como algo que habita em diferentes sentidos, como algo que se dirige para diversas e opostas partes, como alguma coisa a ser albergada, hospedada".

Considerar a diversidade traz implícita a ideia de que existe uma pluralidade externa a mim, que deve ser tolerada e aceita. Não um outro, que não sendo eu, possui suas características próprias, mas aqueles que, não sendo eu, constitui-se um desvio da norma. Por isso mesmo, segundo o autor, a educação reúne as múltiplas identidades existentes da escola como se todas que fogem à regra de normalidade instituída constituíssem um problema, sendo esta identidade "problemática" a identidade de cada um deles.

> No caso da diversidade, ela se preocupa com um outro que é historicamente problemático para a educação; mantém a todo custo uma determinada mitologia de diversidade, segundo a qual esse outro acaba por ser a origem de todos ou de quase todos os problemas educativos; é uma diversidade tipicamente desviante, uma diversidade anormal (Skliar, 2003, p. 204).

De fato, é essa ideia de hospedagem que nos faz acreditar que o ingresso à escola é por si só uma inclusão daquele sujeito. "A 'diversidade' cria um falso consenso, uma ideia de que a normalidade hospeda os diversos, porém mascara normas etnocêntricas e serve para conter a diferença" (Skliar, 2010, p. 13). O autor aponta tal equívoco ao discutir as políticas de educação de surdos.

Reconhece-se que a Escola Especial tenha suas falhas quanto à inclusão, às propostas educativas e ao respeito das singularidades dos sujeitos, mas, para o autor, pensar que a única proposta possível em detrimento da Escola Especial é a matrícula escolar sem qualquer alteração nas práticas pedagógicas – aqui, podemos citar a inserção dos surdos em escolas que não consideram as especificidades linguísticas que experimentam – é uma tradição que precisa ser rompida, por reforçar essa ideia de hospedagem do diferente "anormal" (Skliar, 2010, p. 13), sem considerar, de fato, suas singularidades, suas identidades.

Para falar da palavra *diferença*, Skliar (2003) convida à conversa Silva (2009), que nos ajuda a compreender a relação de negação entre as ideias sublinhadas na *identidade* e na *diferença*. Skliar (2003, p. 61) já nos havia sinalizado que o diferente "é arrastado a partir de uma identidade original e localizado como seu oposto, negativo". Silva (2009) nos faz pensar sobre a relação entre identidade e diferença: ambas são inseparáveis, já que, quando definimos nossa identidade, definimos o que somos a partir de uma infinidade de coisas que não somos. As diferenças, por sua vez, são as negações das identidades. Porém, conforme o autor assinala, costumeiramente "consideramos a diferença como um produto derivado da identidade. Nesta perspectiva, a identidade é a referência, é o ponto original relativamente ao qual se define a diferença" (Silva, 2009, p. 75-76). Nossa identidade, por conseguinte, assume o lugar de padrão, de normalidade, e a diferença o lugar de anormalidade, inferioridade.

> Normalizar significa eleger – arbitrariamente – uma identidade específica como parâmetro em relação ao qual as outras identidades são avaliadas e hierarquizadas. Normalizar significa atribuir a essa identidade todas as características positivas possíveis, em relação às quais, as outras identidades só podem ser avaliadas de forma negativas. A identidade normal é "natural", desejável, única. A força da identidade normal é tal que ela nem sequer é vista como uma identidade, mas simplesmente como a identidade (Silva, 2009, p. 83).

É essa ideia de diferença que muitas vezes mascara uma atitude de tolerância, mas não de reconhecimento de legitimidade do outro. Essa relação entre as ideias implícitas entre as palavras *diversidade* e *diferença* são apontadas de modo inquietante na pergunta levantada a seguir: "Porque parece que todas as relações com os outros devem submeter-se ou bem a lógica do racismo (matar o outro), ou bem a lógica da tolerância (suportar o outro, quem sabe até poder mata-lo)?" (Skliar, 2009a, p. 149).

É nessa discussão que Skliar (2005) traz o conceito de *diferencialismo,* já comentado nesse texto, que evoca a necessidade de encontrar o diferente na educação, de rotular esse diferente e abrigá-lo, numa espécie de obsessão. Não há uma relação de ética, responsabilidade. Mas uma obsessão pelo outro como "não sendo" (Skliar, 2005, p. 52-53).

Num diálogo sobre as práticas educativas, sou convidada a pensar, a partir dessa perspectiva, como as lentes da diversidade e da diferença como negação impõem ações que excluem, que mascaram. A Pedagogia pode ser pensada, então, como uma forma de colonialismo, de abrigo do outro para que se adeque à norma, lembrando o que Santos (2009) nos fala sobre o conhecimento-como-regulação. As ações acabam focando a necessidade obsessiva de trazer o "diferente" para dentro – sob a epígrafe da inclusão –, mas sem se preocupar com a opinião, os sentimentos e os desejos desse outro. É uma Pedagogia que afirma tolerar a diferença, mas que afirma também que seria melhor se não fôssemos diferentes, aliás, que seria melhor que os outros fossem iguais a *nós.*

> A Pedagogia do outro que deve ser apagado: uma pedagogia para que a mesmidade possa ser, sempre, a única temporalidade e espacialidade possível. [...] Uma pedagogia da diversidade como pluralização do eu mesmo e do mesmo; uma pedagogia que hospeda, que alberga, mas uma pedagogia à qual não importa quem é seu hóspede, mas que se interessa pela própria estética do hospedar, do albergar (Skliar, 2003, p. 202-203).

A palavra "tolerar" não foi aqui indicada aleatoriamente. Sabe-se que desde a década de 90 do século XX o cenário mundial vem modificando-se rapidamente, principalmente quanto às questões dos valores e dos absolutismos que não poderiam mais deles decorrer. O certo e o errado, o bom e o mau, o lícito e o ilícito, o legítimo e o ilegítimo têm sido vistos como coabitantes e coexistentes, não sendo nossa responsabilidade decidir pelos outros sobre quais valores devem assumir. Sob esse prisma, as ideias de capaz e incapaz, de justiça e injustiça têm ganhado novo significado também. A tolerância vem sendo discutida de maneira mais intensa, e me arrisco a dizer que nesse início de século o peso desse conceito assumiu grande forma.

Para Santos (2009), essa mudança de paradigmas reflete a crise da Modernidade, e o avanço da Pós-Modernidade. Santos (2010, p. 97) afirma que a Razão Metonímica, uma das características do pensamento moderno, defende a totalidade e que "a forma mais acabada de totalidade para a razão metonímica é a dicotomia, por que combina de forma elegante, a simetria com a hierarquia". Veiga-Neto (2007) já nos faz pensar sobre a mudança de paradigmas trazida pelo pensamento pós-moderno, ao afirmar que considera a necessidade de dialogar com múltiplas variáveis e possibilidades e, para tal fim, necessita conhecer, atentar, valorizar olhares variados.

Os primeiros movimentos em prol da inclusão, de fato, traduziram a ideia de que aquele que antes se julgava único a ter direitos e a ser capaz deveria "tolerar" a presença e a permanência dos outros – os excluídos, os marginalizados, os vistos como "incapazes", no espaço escolar. Histórica e teoricamente esse marco inicial tem sido chamado de movimento de integração e foi fortemente criticado por externar, ainda, a ideia de superioridade de um grupo que, por bondade – e, por que não, superioridade – suporta a presença do outro e leva em conta suas "fraquezas". Daí passou-se a buscar algo além da tolerância: a convivência.

Para o diálogo aqui proposto, essas considerações são de extrema relevância. Discutir com educadores em formação sobre um *outro*, sua língua, sua propriedade, sua identidade, sem levar em conta as representações sociais decorrentes das palavras utilizadas em muitos discursos oficiais, coloca-nos o risco de perpetuar práticas educativas que se preocupam em hospedar, compreendendo o sujeito como "vítima" dessa hospedagem. A escolha da palavra *vítima* não foi descuidada. Foi considerando que a "inclusão" pode se tornar excludente, vitimando aqueles considerados como diferentes a enquadrar-se na lógica única daquele que os hospeda (Skliar, 2005, p. 57).

Sendo ainda mais específica na relação entre essas discussões e as questões tratadas até aqui, as línguas dos surdos são – muitas vezes e "disfarçadamente" certas vezes – consideradas como desvios da norma. Pensar as línguas de sinais como algo diferente, na ideia de que minha identidade, minha língua é *A identidade, A língua,* e que, portanto, devo tolerar e hospedar aqueles que não possuem uma identidade e uma língua como a minha, tem sido a base para ações de discriminação, apagamento e exclusão. Ações que determinam que as línguas de sinais são eficientes para conversas informais, para saberes do senso comum – deslegitimados –, mas nunca para aprender, para desenvolver saber científico, para legitimar o saber e, por isso, não podem ser consideradas como línguas de instrução, como línguas do saber.

Com isso, concordo com Skliar (2003, p. 20) quando diz que precisamos:

> [...] continuar desalinhados, desencaixados, surpresos, para não continuar acreditando que nosso tempo, nosso espaço, nossa cultura, nossa língua, nossa mesmidade significam todo o tempo, todo o espaço, toda a cultura, toda a língua, toda a humanidade.

Como educadores precisamos cuidar de que nosso discurso, nossas palavras, sejam coerentes com nossa prática. E, se buscamos uma educação mais igualitária – não uma educação igual –, precisamos cuidar de não nos contaminar com as ideias negativas possíveis nas palavras *diversidade* e *diferença*.

Queremos compreender o outro como legítimo. E, nesse sentido, parece importante nos aproximar do conceito de *alteridade*.

Skliar (2005) aponta que Aristóteles foi o primeiro a distinguir diferença de alteridade. Para o referido filósofo, a diferença supõe uma diferença em relação a algo, portanto, inferior. Já a alteridade, remete a uma distinção, algo que não é o mesmo. Essa ideia nos lembra o princípio da alteridade apresentado por Larossa (2009, p. 15):

> E algo que não sou eu significa também algo que não depende de mim, que não é uma projeção de mim mesmo, que não é o resultado das minhas palavras, nem de minhas ideias, nem de minhas representações, nem de meus sentimentos, nem meus projetos, nem de minhas intenções, que não depende nem do meu saber, nem de meu poder, nem de minha vontade. [...] Se o chamo de princípio da alteridade é por que isso que me passa tem que ser uma outra coisa que não sou eu. Não um outro eu, um outro como eu, e sim uma coisa que não sou eu. É dizer, algo outro, algo completamente outro, radicalmente outro.

Skliar (2009a, p. 155) nos leva a pensar um pouco mais detidamente sobre o conceito de alteridade: sendo algo externo a nós, não precisamos necessariamente conhecê-lo, logo: "A alteridade não é tanto aquilo que não somos, mas, dizendo melhor, tudo aquilo que não sabemos". Pensar a alteridade, portanto, envolve não pensar num conceito de categorização, de comparação, ser outro em relação a nós. Daí a distinta oposição aos conceitos de diversidade e diferença. Essa discussão sobre o "rótulo" da diferença, presente em tantos discursos pedagógicos, pode supor uma necessidade de "identificação" da "diferença", do "diferente", do outro.

> Alguém podia perguntar-se se a inclusão é inclusão quando a alteridade do outro é apenas um tema de diagnóstico, a afirmação de uma rápida e genérica formulação legal de um outro como sujeito de direito, a soma presente de presenças, mas não de existências. E alguém poderia se perguntar, também, se no estar juntos, na coexistência, há que nomear a relação com o outro como uma relação de inclusão, se há que nomear o outro, apenas, como ser incluído previamente excluído (Skliar, 2011, p. 32-33).

Será que em nossas relações não estamos sempre por incluir ou excluir, aproximar ou afastar, escutar ou não escutar? Não fazem esses movimentos parte das interações humanas? Não precisamos classificar todo o tempo, não precisamos definir todo o tempo. Estamos com outros. Outros que não somos nós e, portanto, diferentes. Não se trata, pois, de incluir, mas de conviver. "Há convivência porque existe um afeto que supõe, ao mesmo tempo, o fato de ser afetado e de afetar" (Skliar, 2011, p. 33). Conviver envolve, portanto, aproximar. Não apenas proximidade física, mas proximidade de vozes e de vidas, na existência de diálogos nos quais modificamos e somos modificados.

4

O PROCESSO DE ESCUTAR: ALGUMAS NARRATIVAS E MAIS HISTÓRIAS

Há alguns séculos, no cenário mundial, alguns estudiosos atentaram para línguas que eram "faladas com o corpo". As línguas de sinais, como são chamadas, impressiona(va)m por terem palavras – signos – visuais, e não orais, como na maioria das línguas. Aqui no Brasil, relata-se que no século XIX uma língua de sinais brasileira era utilizada por comunidades surdas em centros urbanos do país (Rocha, 2008). Apesar disso, a língua de sinais[12] só foi reconhecida no Brasil oficialmente no início do século XXI, com a Lei n.º 10.436, de 20 de abril de 2002. Ainda assim, mesmo com sua "legitimidade" afirmada por dispositivos legais, houve (e há) resistências em diversos espaços sobre o uso da Língua Brasileira de Sinais/LIBRAS – nome e sigla pela qual foi regulamentada. Frequentemente, a adoção da língua de sinais em alguns espaços se faz pelo recurso da tradução, mas é necessário ampliar os espaços em que as ações são pensadas na LIBRAS.

Um novo passo foi dado em 2005, quando o Decreto n.º 5.626 instituiu a obrigatoriedade do ensino de LIBRAS na Universidade – entre outras ações –, após extensas discussões políticas. Além de fomentar pesquisas, tal possibilidade tem ampliado os espaços de discussões para as pessoas surdas que têm ocupado lugares em universidades como estudantes e docentes.

Além dessas questões históricas, podemos anexar outras questões relacionadas à LIBRAS, entre elas, destaco a produção sobre diferença e deficiência desenvolvida pela sociedade. As línguas de sinais, utilizadas por pessoas que por muito tempo foram chamadas

[12] Segundo pesquisas recentes, não existe apenas uma língua de sinais falada no Brasil. Existem diversas línguas de sinais faladas em comunidades ribeirinhas, rurais e indígenas. A Lei n.º 10.436/2002 reconhece legalmente apenas a LIBRAS (língua de sinais falada majoritariamente nos centros urbanos do país).

de "deficientes", não raro são vistas também como algo em déficit. Para essas pessoas, as línguas de sinais traduzem a incapacidade daqueles que não ouvem e, portanto, devem ser resistidas e suprimidas por línguas "verdadeiras", legítimas: orais. A mídia, as tecnologias, a literatura, a ciência e a educação deveriam – de acordo com esse pensamento – se voltar para a correção dessa língua.

Porém, preciso afirmar que essas são considerações que tenho feito, algumas das problematizações que venho construindo no processo de usar, aprender e dialogar com a Língua Brasileira de Sinais. O que, contudo, posso perceber ouvindo outras pessoas? O que estudantes dos cursos de licenciatura me dizem sobre tais questões?

Ao lidar com o início da disciplina de LIBRAS em instituições de ensino superior, pude ouvir algumas opiniões e dúvidas sobre o tema. Alguns discentes relatavam que não tinham contato com pessoas surdas, que não compreendiam por que a disciplina era obrigatória – algumas vezes comparando-a ao sistema Braille – nem sabiam como iriam aprendê-la. Alguns desconheciam a obrigatoriedade e outros sequer demonstravam interesse pela disciplina.

A partir desse momento, foi possível perceber, na singularidade das conversas, como a presença da disciplina LIBRAS provocava curiosidades, espanto, inquietação. Cursar a disciplina LIBRAS constitui uma atividade obrigatória, mas, ainda assim, a mudança de olhar é um processo subjetivo que demanda disponibilidade e sensibilidade. Como afirma Santos (2009) não há garantias; não há controle. O que está a nosso alcance, como docentes, é perceber como sutilmente as ideias tomam forma.

Antes de ingressar no espaço universitário como docente, ouvia pessoas comentando a implementação da disciplina LIBRAS com certa consternação, muitas vezes afirmando não compreender sua obrigatoriedade ou sua "utilidade". De certa maneira, essas questões me perpassavam. Refletia sobre a relevância de uma disciplina – oferecida muitas vezes durante apenas um semestre – sobre uma língua que foge aos padrões hegemônicos e me perguntava se não haveria outros contextos políticos embasando esta decisão e se esses interesses se alinhavam ao desejado pela comunidade surda.

Ao iniciar as atividades, como docente e como pesquisadora, essas questões se mantiveram. Comecei a prestar atenção aos posicionamentos de discentes, para refletir sobre o impacto de tais políticas.

Cito agora uma das falas que me chamou muita atenção:

> *Quando eu comecei essa aula, só fiz por que era obrigatória, fui fazer a contragosto. Achava que depois de tantos anos em sala de aula essa era só mais uma disciplina. Mas aí fui fazer as matrículas do município. Fiquei espantada com a quantidade de mães procurando vagas para seus filhos surdos. Sempre tivemos estes alunos e eu que não vi? A partir dali, daquelas questões que o cotidiano foi colocando, vi que, realmente, era uma questão importante, uma questão política, o ensino de LIBRAS. Como a gente é ignorante!* (Pedagogia. Semestre: 2011.1).

Ao ouvir essas palavras me questiono: que papel a obrigatoriedade da disciplina ocupa? De que outro modo as crianças mencionadas sairiam da invisibilidade? Que papel desempenhavam os docentes do ensino superior, então, nessa história? Pensar que nessa fala fica evidente para alguém algo que há muito eu via – crianças surdas buscando espaços escolares, seus pais querendo garantir o acesso à escolaridade, a língua de sinais como uma questão política – a partir do contato com a disciplina, propiciado por sua obrigatoriedade, me fez repensar as ideias sobre as políticas públicas.

"Como a gente é ignorante!". Essa frase me fez recordar uma conversa/leitura com Sacks (2010, p. 15), que inicia seu livro dizendo: "somos notavelmente ignorantes a respeito da surdez". Do ponto de vista do desconhecimento, o contato do autor com experiências e histórias de comunidades surdas possibilitou que refletisse, despido de preconceitos, sobre o que via e sentia com elas.

> Sou, devo ressaltar, um leigo no assunto – não sou surdo, não sei usar a língua de sinais, não sou intérprete nem professor, não sou especialista em desenvolvimento infantil e não sou historiador nem linguista. Esta, como se evidenciará, é uma área polêmica (às vezes renhida), na qual opiniões arrebatadas vêm-se combatendo há séculos. Sou um leigo,

> sem conhecimento ou especialização, mas também acredito, sem preconceitos, sem interesses a defender, sem animosidade na questão (Sacks, 2010, p. 12).

Pensando nisso, pude perceber que o desconhecimento em relação à língua de sinais – a falta de fluência, o desconhecimento da gramática, a pouca frequência no uso – era apenas um dos lados da questão. O outro lado mostra-se como um lado de possibilidades, de visibilidade, de aproximações, como diria Sacks, "sem preconceitos, sem interesses a defender, sem animosidade na questão" (Sacks, 2010, p. 12). Para Santos e Meneses (2010, p. 32), o pensamento moderno traz linhas radicais que provocam separações invisíveis que dividem a realidade social: "A divisão é tal que 'o outro lado da linha' desaparece enquanto realidade, torna-se inexistente, e é mesmo produzido como inexistente. Inexistência significa não existir sob qualquer forma de ser relevante ou compreensível". O contato com a disciplina colaborou para que pessoas, mesmo assumindo seu desconhecimento, passassem a ver.

Conforme nos lembra Sampaio (2007), a ideia de *ver* está diretamente ligada à ideia de aproximação, afeto, conhecimento. Citando os estudos de Von Foerster sobre a visão e o conhecimento, a autora nos diz que o ver está relacionado também a descoberta de algo, a uma percepção que não apenas sensorial. "Vemos com o cérebro, por intermédio de nossos olhos, pois, se não compreendo, não vejo" (Sampaio, 2007, p. 63). Portanto, se pensarmos na fala discente citada, e quiçá possamos dizer o mesmo para outros estudantes, a proximidade com os estudos sobre a língua de sinais provocou a descoberta, a compreensão que lhe permitiu ver; a partir de então, a disciplina assume para mim – docente – um outro sentido, que vai além da língua e de suas questões de gramática, vai além das decisões políticas, assume um sentido de aproximação, de afeto, de visibilidade.

Outras estudantes da universidade me fizeram perceber a singularidade da situação. Os cursos de licenciatura formam profissionais da educação. Esses profissionais atuarão em diversos espaços de formação, espaços de encontro e de experiências.

Alguns estudantes chamaram a atenção para o fato de que, além de ampliar os conhecimentos históricos e sociais, a experiência com a língua de sinais constitui parte da formação profissional, como nos diz uma discente do curso de Biologia:

> *Não sabia que o ensino de LIBRAS tinha se tornado obrigatório para os alunos de licenciaturas, mas acredito que essa obrigação vai ser fundamental para minha formação, vai me tornar uma profissional mais bem preparada* (Licenciatura em Biologia. Semestre: 2010.2).

A ideia de uma "*profissional mais bem preparada*" parece não dizer respeito a conhecimentos técnicos apenas. Geraldi (2010) afirma que, historicamente, a figura do professor – a identidade profissional do professor – está(va) diretamente relacionada ao conhecimento, ou seja, o professor precisa(va) reter conhecimento para transmiti-lo, e defende que resquícios dessas ideias permanecem na formação docente até hoje. Mas ele afirma que estudar variados conceitos, métodos e conteúdo talvez "nos forme, mas não nos torna professores" (Geraldi, 2010, p. 82).

O que se vive hoje nos processos educacionais nos remete à multiplicidade de sujeitos, identidades, saberes e conhecimentos. É necessário, então, como afirma Skliar (2009b, p. 31), "pensar a diferença como aquilo que nos constitui, a todos e a todas, em que já não há exceções hierárquicas a serem traçadas e/ou reveladas". Outra discente parece perceber essa necessidade ao dizer:

> *Acho muito importante que as licenciaturas tenham acesso a este universo, principalmente com a inclusão em alta como está* (Licenciatura em Biologia. Semestre: 2010.2).

Dessa forma, passo a compreender a obrigatoriedade da disciplina de LIBRAS como parte de uma formação docente que não valoriza uma forma única de saber, aprender e ensinar, mas que valoriza a concepção de que:

> [...] a singularidade das experiências – variadas, ricas, interessantes, menos interessantes, complexas – devem ser mais exploradas e, quem sabe,

> possam contribuir de modo efetivo para pensar e praticar uma educação cuja "mesmidade" não proíba a diferença (Sampaio; Venâncio, 2009, p. 71).

Uma formação que não se detém em "explicações", "soluções" e "hipóteses", mas que preconiza a experiência de dialogar com o outro e de lidar com o espaço escolar como espaço de possibilidades.

Quando as aulas iniciavam, geralmente havia um espaço para discussão sobre o contato que os estudantes tiveram com a língua de sinais e com pessoas surdas. Não raro as respostas se repetiam em "nunca tive contato", "não vi", ou algo semelhante. Alguns discentes externavam espanto ao perceber que tais afirmações se repetem. Alguns já tiveram ou têm contato, mas ainda assim indicam certo afastamento. Certa estudante relatou:

> *Sinceramente não estava entusiasmada pra essa disciplina, tinha alguns preconceitos. Na infância, próximo a minha casa morava uma pessoa surda. Mas as pessoas afastavam-se dela, e ela acabava agindo de forma estranha e agressiva. Enfim, foram essas as experiências e impressões que eu tive com surdos. Ou os enxergava no lugar da incapacidade, ou os enxergava como malucos* (Pedagogia. Semestre: 2010.2).

Esse relato me evocou lembranças: lembranças de amigos e amigas surdos, lembranças das crianças surdas com quem tenho, tinha e tive contato, lembranças das falas de outras pessoas sobre surdez. Lidar com o ensino na universidade, portanto, envolvia lidar com histórias construídas socialmente de afastamento entre pessoas surdas e ouvintes. Ao conversar com a estudante, percebi que seria necessário conversar sobre as ideias produzidas sobre as pessoas surdas.

Em uma das aulas uma professora surda foi convidada a participar. A professora, além de propor atividades, se dispôs a conversar sobre suas experiências com os estudantes. Contou sobre seus sucessos e fracassos em diversos espaços, incluindo a família e as escolas por onde passou. Para os estudantes, essa experiência foi uma possibilidade de conhecer uma pessoa surda – professora, estudante do ensino superior, mãe, irmã, filha – experimentando vê-la além da surdez. Uma das estudantes mencionou:

> *Eu ficava imaginando como uma pessoa surda cuidava de seus filhos, já que não poderia ouvir caso chorassem ou chamassem. Foi interessante perceber como estabelecem relação com seus familiares quando estes os acolhem, como fazem amizades – com surdos e ouvintes – como participam de diversas atividades, assim como nós ouvintes.* (Licenciatura em Biologia. Semestre: 2012.1).

As narrativas da professora convidada possibilitaram uma (re) visão nos modos de pensar a surdez. Tais narrativas rememoraram experiências de uma agradável relação com seus familiares. Como já mencionado, pessoas surdas em sua maioria nascem em famílias ouvintes. Tais famílias podem ser influenciadas pelas idealizações de normalidade e padrão presentes na sociedade. Quando uma criança surda chega à família, enfrenta, muitas vezes, situações de afastamento e isolamento.

Mas é possível que, tendo a família oportunidade de pensar a surdez numa perspectiva que não considere uma falta, um problema, tais situações inexistam ou sejam minimizadas.

Quando as próprias famílias sentem dificuldade para lidar com a surdez, com a criança surda – sendo o primeiro grupo de contato dessa criança – tendem a compartilhar tais inseguranças, perpetuando os sentimentos ali experimentados pelo sujeito surdo e pelos ouvintes que com ele tiveram contato em outros espaços e em outras interações. Os sujeitos surdos podem ter de buscar o sentimento de acolhida em outros espaços onde a língua de sinais circula, espaços onde se sentem sujeitos plenos. Porém, defendo que tais espaços precisam ser cada vez mais frequentes – sabendo as pessoas ou não utilizar fluentemente a língua de sinais. O que penso vai ao encontro de propostas de assunção das pessoas surdas como constituintes da sociedade. Para isso, é importante que mais e mais pessoas possam ter acesso às narrativas, às conversas, às discussões das pessoas surdas.

Interessante pensar como tantas outras vezes pude ter contato com narrativas sobre as experiências de pais que opt(ar)am por perceber a surdez como uma possibilidade de vida, de plenitude e de possibilidades. Eu já havia me aproximado, por exemplo, da narrativa que Sacks (2010, p. 64-65) traz da mãe de uma criança surda chamada Charlotte.

> Ouvimos o diagnóstico da surdez profunda de nossa filha Charlotte quando ela estava com dez meses de vida. Durante esses três últimos anos, vivenciamos uma série de emoções: descrença, pânico e ansiedade, raiva, depressão e tristeza e, finalmente, aceitação e apreciação. À medida que nosso pânico inicial se esvaiu, ficou claro que precisávamos usar uma língua de sinais com nossa filha enquanto ela era bem nova. [...] Estamos animados e estimulados com o processo de aprender uma linguagem engenhosa e sensível, que possui imensa beleza e imaginação. É uma grande alegria perceber que a comunicação por sinais de Charlotte reflete padrões visuais de pensamento. Surpreendemo-nos pensando de modo diferente a respeito de objetos físicos, e de seu lugar e movimento, graças às expressões de Charlotte.

Conforme Sacks (2010, p. 66), tal decisão dos pais promoveu um ambiente de aconchego, de segurança e de pertencimento. Como ele mesmo afirma, ao visitar a família ele atentou para o sentimento de que *"eram uma família – com muitas brincadeiras, vivacidade e perguntas, todos unidos. Nada havia do isolamento que com tanta frequência vemos nos surdos"*.

Apesar disso, de conhecer tal narrativa – de a ler muitas vezes – e conhecer outras semelhantes, percebo que em poucos momentos indiquei-as como ponto de discussão na maioria das aulas. Necessitei, portanto, indagar: *por que, ao conversarmos sobre surdez, sempre pomos em destaque as negatividades, as histórias de fracasso e isolamento? Por que poucas vezes destacamos a plenitude possível nas experiências visuais, as aprendizagens e sensações outras, as expressões e os sucessos? Por que dar evidência às impossibilidades – impossibilidades construídas e, muitas vezes, já com tamanha visibilidade –, e não conversamos sobre as possibilidades – as entrelinhas da história?*

Discutir as experiências visuais vividas pelas pessoas surdas pode ir além das discussões sobre as formas linguísticas, as teorias de aquisição de linguagem, as políticas para minimizar fracassos; aprender a respeito da língua de sinais brasileira envolve conhecer histórias, narrativas – de pessoas surdas e ouvintes – em diferentes contextos de contato com a língua de sinais. Ter contato com narrativas, como propõe Larossa (2007, p. 142), é uma maneira de conhecer, aprender, (re)ver.

> Só compreendemos quem é outra pessoa ao compreender a narrativa que ela mesma ou outros nos fazem. É como se a identidade de uma pessoa, a forma de uma vida humana concreta, o sentido de quem ela é e do que lhe passa, só se fizesse tangível na sua história. Se é assim, a relação entre a narrativa e a compreensão e a autocompreensão é evidente. Se o sentido de quem somos está construído narrativamente, em sua construção e em sua transformação terão um papel muito importante as histórias que escutamos e lemos, assim como o funcionamento dessas histórias no interior de práticas sociais mais ou menos institucionalizadas como, por exemplo, as práticas pedagógicas.

Nesse ponto, a inserção da disciplina de Língua Brasileira de Sinais no ensino superior é ressignificada por mim – não como uma exigência acadêmica, mas como possibilidade de propor experiências.

No início desta conversa, relato minha inserção na língua de sinais no contato com pessoas surdas. De fato, minha aproximação com a comunidade surda foi por si só uma aprendizagem que na época não pude dimensionar – e talvez ainda não possa completamente. A tradução dessa experiência para outros sempre me pareceu truncada: parecia resvalar na ausência de contato com surdos, nos preconceitos, nos discursos. Ao pensar no ensino da língua de sinais senti como se fosse mais uma tentativa de exprimir, no pouco que tenho contato com discentes, durante um curto semestre, a complexidade que a envolve – uma língua não é descolada de sujeitos, sujeitos não são descolados de histórias e histórias têm muitos e muitos vieses. Como pôr tudo isso na vivência de sala de aula? Seria possível pôr tudo isso em sala de aula?

Frequentemente, discute-se nas aulas de LIBRAS a (in)visibilidade da língua e das próprias pessoas surdas. É costumeiro que estudantes façam comentários sobre a surdez do ponto de vista que lhes é comum: a questão do não ouvir.

> *Surdo é o ser que não possui capacidade auditiva* (Pedagogia. Semestre: 2011.1).

> *A surdez seria caracterizada como a perda auditiva e traz prejuízo como a incapacidade de ouvir as informações sonoras, seja de palavras ou não, [traz] problemas emocionais, alterações no aprendizado e na fala* (Pedagogia. Semestre: 2011/Curso de férias).

A partir dessas falas, muitas questões são trazidas à tona, que vão além da questão linguística. Passamos a abordar como as possibilidades de ver o mundo não se limitam a uma forma única, que, muitas vezes sem nos dar conta, corroboramos. "Onde há múltiplas línguas, há múltiplas formas de ver o mundo" (Geraldi, 2010, p. 199). Discutir a ideia de "diferença", ou "diferenças", perpassa a questão da língua, do sujeito e da sociedade.

> *Acredito que o surdo é prejudicado pela sua diferença e não por dada incapacidade: a diferença, quando não ecológica, se transforma (porque é isso que a sociedade faz) em desigualdade, e, logo, vítima de preconceito* (Pedagogia. Semestre: 2011/Curso de férias).

Segundo Silva (2009), "em geral consideramos a diferença como um produto derivado da identidade". Dizendo de outro modo, pensamos a diferença como a negação de algo – algo estabelecido como "*a*" identidade. A última fala citada me trouxe outras questões como docente: se é a diferença que nos constitui e essa diferença pode levar à desigualdade, como possibilitar que de alguma maneira a compreensão dessas diferenças conduzam ao diálogo? Como *ensinar-aprender* a se aproximar, a imergir nas histórias, nas línguas, nos modos de ver o mundo?

Durante uma das discussões sobre (in)visibilidade, propus que alguns discentes pensassem na experiência de ser surdos – não na questão de não ouvir, mas sim no diálogo cotidiano, nas movimentações diárias, nas informações que necessitam ou gostariam de buscar e colocassem num ensaio. Para discutir essa questão uma aluna relatou:

> *[...] procurei me aproximar de pessoas surdas e das ouvintes que participam de comunidades de surdos. Conversei bastante e as pessoas mais velhas me disseram que hoje o surdo tem mais liberdade, principalmente liberdade de ir e vir. Dizem que agora é possível fazer coisas como qualquer outra pessoa: um curso superior, dirigir, trabalhar e que enxergam mais oportunidades do que antigamente* (Pedagogia. Semestre: 2014.2).

Por que esse relato me chamou a atenção? Porque uma questão em sala de aula provocou uma interessante ação: a estudante procurou se aproximar da comunidade surda, conversou com pessoas da comunidade. Essa vivência me levou a pensar nas oportunidades e aprendizagens que tive no contato com a comunidade surda. Extrapola, portanto, o que poderia propor como docente, embora seja uma provocação que me causa imenso encanto.

Conversando com essa discente, disse-lhe como sua fala havia sido importante e quis saber um pouco mais sobre esse contato e ela relatou:

> *Procurei ouvir diretamente de um surdo como era estar na sociedade atualmente. Trabalho numa escola em que uma das professoras é fluente em LIBRAS e conhece bastante gente também. Conversei bastante com ela e pedi pra que ela fizesse essa ponte. Adicionei alguns surdos pelo Facebook e fiz algumas perguntas pra eles e pude sentir, mesmo que de longe, como pensavam e* [pude] *conversar com eles.*
>
> *Além disso, tenho um aluno na educação infantil que é ouvinte, filho de pais surdos, e já o conhecia, inclusive nossa relação tem melhorado, visto que alguma coisa eu já consigo entender... Fiz perguntas pra eles também e foi a partir disso que construí o meu ensaio. Procurei fazer apenas um resumo e incluir no ensaio o que mais me chamou atenção. O contato com eles foi bem natural e fui muito bem recebida.* (Pedagogia. Semestre: 2014.2).

Esta era uma nova descoberta para mim: o estudo da língua de sinais trouxe à tona uma outra possibilidade – a possibilidade de essa estudante/docente (re)ver o discente que é filho de surdos, (re)ver a comunidade surda que está próxima, (re)ver a si mesma em contato com sujeitos visuais e sua língua: e querer ouvi-los, reconhecer a voz deles. Tenha a disciplina alcançado objetivos outros, em relação ao conhecimento da língua (em suas questões gramaticais), certamente esse acontecimento mostrou-se tão ou mais importante que tais objetivos imediatos, pois provocou perguntas, aproximações, laços.

Para Geraldi (2010), as aulas são acontecimentos. Levam a perguntas e respostas, um diálogo entre diversas experiências, conhecimentos e aprendizagens. Concordando com ele, penso na possibilidade de que outros sujeitos, assim como eu, possam ter suas experiências com a língua de sinais, imprimindo suas significações e sentidos. "Traduzir tudo para um mesmo sentido é empobrecer a humanidade. Negociar sentidos é enriquecer a experiência humana e como um todo e a vida de cada um" (Geraldi, 2010, p. 199). O processo de *ensinoaprendizagem*, por conseguinte, constitui (ou pode constituir) a possibilidade de muitas direções – nem sempre (ou quase nunca) se aferram às "prescritas" em programas curriculares.

O estudo da língua de sinais no espaço acadêmico tem sido uma porta para inúmeras discussões intrigantes, como tenho percebido no decorrer desta conversa/pesquisa/docência. Apesar de ser o cumprimento de uma determinação legal do ano de 2005, anos depois alguns estudantes ainda "estranham" a obrigatoriedade da disciplina e ainda resistem – de algum modo – a ela. Podemos retomar aqui a primeira fala citada:

> *Quando eu comecei essa aula, só fiz por que era obrigatória, fui fazer a contragosto. Achava que depois de tantos anos em sala de aula essa era só mais uma disciplina.* (Pedagogia. Semestre: 2011.1).

Este não foi um comentário isolado, alguns estudantes mergulhados em marés de discursos diversos sobre integração, assistência e providência, veiculados nos mais diversos meios, acabam pensando na língua de sinais como alguma "prótese linguística"

– uma protolíngua, algo rudimentar, útil apenas para quem tem algo faltando – e em seu ensino como um degrau (ou um obstáculo) para a conclusão do curso. A língua de sinais, ainda que vista como língua de fato, nesses casos, parece servir apenas para um grupo específico, que não inclui educadores e discentes universitários ouvintes. Skliar (2003, p. 204), ao falar sobre as discussões que parecem recorrentes sobre educação e diversidade, indicou como podem assumir um ar de anormalidade, de problema:

> No caso da diversidade, ela se preocupa com um outro que é historicamente problemático para a educação; mantém a todo custo uma determinada mitologia da diversidade, segundo a qual esse outro específico, acaba por ser a origem de todos ou de quase todos os problemas educativos, é uma diversidade tipicamente desviante, ou talvez, uma diversidade anormal.

Assim, cursar uma disciplina sobre uma língua falada pela comunidade surda pode parecer apenas mais uma discussão sobre os *problemas* e os *problemáticos* da educação.

> *Adentrei a disciplina, como muitos, com o simples intuito de fechar minha grade curricular. Não conseguia compreender o sentido de se tentar ensinar uma língua em apenas um semestre. Opinião compartilhada pela maioria dos meus colegas estudantes de História. Mas no decorrer do semestre compreendi o intuito real da disciplina e a subsequente incongruência entre seu conteúdo e o que chega pra nós como sendo sua proposta. Compreendi a disciplina como uma porta, uma apresentação do universo que é a vivencia do surdo. O que é justo, afinal, mesmo que compreendesse LIBRAS, de que isso me adiantaria se não possuísse noção desse universo rico e desconhecido para a maioria? A disciplina me pôs em contato com um mundo de experiência, as narrativas como a de Emmanuelle Laborit foram essenciais para desconstrução e desnaturalização de uma série de conceitos acerca da vivência dos surdos. Creio eu que,* [ao] *invés de focar na premissa de ensinar a língua de sinais aos futuros professores a disciplina,*

> *talvez fosse mais eficiente se se dedicasse a discutir e ampliar o debate sobre esse universo pouco conhecido das lutas sociais. É extrapolar a disciplina pra fora do seu sentido acadêmico e dar a ela um sentido mais conscientemente político.* (Licenciatura em História. Semestre: 2014.1).

Este, assim como outros estudantes, queria "superar" essa etapa de seus estudos, questionando por que tal etapa era necessária. Mas também relatou a possibilidade de dar um sentido outro à própria disciplina de LIBRAS. O sentido que parecia ter atribuído antes parecia residir na preocupação em aprender uma língua – distante, desconhecida – e como esse aprendizado seria significado dentro de seus próprios anseios de estudo e pesquisa. E, então, passou a ver a disciplina como uma *porta*; a apresentação de *um universo*.

Esse outro sentido passa a constituir uma oportunidade. Quem encontra uma porta, pode ou não a atravessar. Quem encontra uma porta, pode ou não a deixar aberta. Mas ao encontrar uma porta, se dá conta de que há um caminho. Uma porta, não uma parede. Uma porta, não um muro. Uma porta, uma travessia. Para esse discente, a aprendizagem das questões gramaticais pode ceder lugar às discussões sobre questões sociais. A disciplina, dessa forma, passa por uma outra significação: vai além de discutir modalidades linguísticas, questões gramaticais e acesso – emerge para um *universo* de aprendizagens com o outro.

Passar pelo "degrau" que faltava pôde significar, para alguns, uma (res)significação de seus olhares sobre sujeitos que antes lhe estavam invisíveis. Para mim, a cada semestre, esse "degrau" possibilita uma (re)visão das múltiplas possibilidades de aprender, que não ocorrem somente em mim ou dependendo de mim. A cada etapa, individual e coletivamente, vamos aprendendo coisas outras, dando sentido a coisas outras.

5

O PAPEL DO PROFESSOR: SURDOS E OUVINTES SUJEITOS APRENDIZES

Os surdos, por décadas a fio, necessitaram "compreender" a língua e os modos dos ouvintes, o que provocou conflitos em seu percurso na educação. Nesse momento, os ouvintes são convidados a experimentar os modos e a língua dos surdos e, dessa forma, desconstruir o modelo de pensamento em que os sujeitos surdos são vistos como incapazes.

> *O fracasso depende do método de ensino que é aplicado ao surdo* (Pedagogia. Semestre: 2011.1).

> *Enquanto futura educadora, penso que a língua de sinais tem papel fundamental para a pessoa surda. A língua de sinais deve ser a L1 (primeira língua) do surdo* (Pedagogia. Semestre: 2010.2).

Pensar no ensino como algo que vai além de exclusivamente ser ouvinte colabora para a ampliação de olhares a respeito das relações possíveis entre surdos e ouvintes nos ambientes escolares.

> *A primeira aula* [de LIBRAS] *superou minhas expectativas. Comecei a entender os surdos de uma outra perspectiva. Entender que eles não são "coitados", nem deficientes, mas uma comunidade com sua cultura própria, assim como qualquer cultura tem suas características e especificidades* (Pedagogia. Semestre: 2010.2).

Ir além do esperado... talvez esse seja o grande desafio do trabalho com essa disciplina na universidade. O esperado, levando-se em conta as produções sociais contemporâneas, pode estar relacionado com um conhecimento superficial da língua de sinais, com a manutenção da ideia de afastamento entre surdos e ouvintes e de que os ouvintes têm o direito de falar pelos surdos. O espaço acadêmico pode ser o espaço onde vamos além, onde propomos desconstruções.

Além de se revelar como uma possibilidade de (auto)formação e *ensinoaprendizagem*, a oferta da disciplina de LIBRAS parece abrir um campo de (i)limitações sobre o que se discutir no espaço acadêmico. Tentamos limitar – num programa curricular, num semestre, num espaço – na universidade questões que ainda não sabemos que existirão. Podemos dizer que a cada etapa percorrida se faz uma outra disciplina, uma outra docente, uma experiência singular. Para Geraldi (2010, p. 95), não podemos encerrar o que discutimos em sala de aula numa série de conhecimentos já dados, mas, sim, necessitamos deixar emergir questões que extrapolam o que pensamos dizer, ultrapassam o que planejamos:

> O professor do futuro, a nova identidade a ser construída, não é a do sujeito que já tem as respostas que a herança cultural já deu para certos problemas, mas a do sujeito capaz de considerar o seu vivido, de olhar para o aluno como um sujeito que também já tem um vivido, para transformar o vivido em perguntas.

Defendo, como já explicitado, que esta conversa/pesquisa tenha como um dos princípios a circularidade, a noção de que as ideias, os saberes, vão sendo dialogados, num movimento contínuo. Dessa forma, pensar a disciplina envolve escutar, criar perguntas e – quem sabe – construir respostas. Reconhecendo aqui a (im)possibilidade de trazer as muitas questões que surgem em sala de aula e as discussões subsequentes, apresento de maneira muito breve duas questões que surgiram em conversas sobre a língua de sinais e que me fizeram re(organizar), re(pensar) e re(ver) a disciplina.

Da comparação frequente da língua portuguesa com a língua de sinais

Parece existir uma tendência a tentar mecanismos comuns na língua portuguesa, da mesma forma na língua de sinais. Gesser (2012, p. 69), ao discutir o ensino de LIBRAS para estudantes ouvintes nos diz que:

> Por conta da dificuldade de aprendizagem da Libras, os alunos tendem a acreditar "que seria mais fácil se a libras fosse uma versão sinalizada do português". [...] Vemos, porém, na verdade que essa percepção ainda está arraigada a percepção de uma língua deve estar colada à outra.

Ao planejar a disciplina, penso que o contato inicial com ela deva permitir discutir a natureza, a modalidade, a possibilidade da língua de sinais. Os comentários, em sua maioria, não se distanciam muito do que outros trabalhos como os que Gesser (2009; 2012) tem apresentado. Faço aqui o relato de uma que me pareceu exceder tais trabalhos e deixa clara a relação que muitos estudantes têm estabelecido entre a língua de sinais e a língua portuguesa:

> *Na língua portuguesa é possível separar as palavras em sílabas... há algo semelhante na língua de sinais?* (Filosofia. Semestre: 2014.1).

Tal fala permite inúmeras discussões. Primeiro, que importância ocupa a divisão silábica nesta e naquela língua? Que necessidades poderiam surgir na língua de sinais para se "desnudar" uma palavra em "sílabas"? Que estratégias se utilizam na língua de sinais para que se compreenda esse processo na língua portuguesa? E assim por diante. As discussões que se seguiram, compartilhadas com os outros presentes em sala de aula, rumaram para a questão da métrica e da rima – justificando a "contagem" de sílabas – e, por conseguinte, da literatura.

Nesse momento, fica aqui explícita a (i)limitação dos planos e programas acadêmicos. Não houve na ocasião da aula – nem, infelizmente haverá nesta conversa – tempo e espaço para divagar um pouco mais sobre tais questões. Abro a porta aos que comigo conversam neste momento, para que se permitam imaginar outros rumos, perguntas e respostas para essa questão.

Passo a pensar, a partir deste ponto, na importância de permitir um amplo diálogo – amplo tempo, espaço, estudo – sobre essa proximidade/distância que parece se estabelecer para os estudantes.

Afinal, ter contato com uma língua para aprendê-la envolve relacionar-se com essa língua para além da gramática. "Esse aprendiz precisa pôr em funcionamento outro movimento linguístico – outra identidade no uso da linguagem – totalmente alheio e diferente de sua língua materna oral" (Gesser, 2012, p. 47). A aprendizagem prescinde esse resgate/abandono/laço de nossas próprias experiências, quer linguísticas, quer de qualquer outra natureza.

Podemos, ainda, nos permitir pensar na questão da aproximação, da inversão, da substituição linguística num sentido outro: como uma vontade social e invisivelmente constituída de diluir as diferenças, para tornarmos um só: um só discurso, uma só concepção, uma só possibilidade de ser e perceber.

> A tradução resolveria a desordem, diziam. A tradução resolve a desordem, nos diziam. Ordena para sempre a ordem. Tudo é somente questão de acreditar que além de todas as nossas torpes diferenças havemos de dizer sempre as mesmas coisas. À mesma hora. No mesmo lugar (Skliar, 2012, p. 108).

Da discussão sobre a (in)capacidade

Conversamos sobre uma língua e, por conseguinte, sobre os falantes dessa língua. Os falantes da língua de sinais brasileira não ocupam um território distinto, não têm uma pátria distinta, nem leis distintas. Porém, em diversas falas, tais sujeitos não são citados como *outro* sujeito, mas *um* outro: outro que não se assemelha a *nós* porque há um *"não"* que nos distingue – o *não* ouvir.

> *Surdo é o ser que não possui capacidade auditiva* (Pedagogia. Semestre: 2011.1).

> *A surdez seria caracterizada como a perda auditiva e traz prejuízo como a incapacidade de ouvir as informações sonoras, seja de palavras ou não,* [traz] *problemas emocionais, alterações no aprendizado e na fala* (Pedagogia. Semestre: 2011/Curso de férias).

> *Algumas pessoas discutem sobre a surdez dizendo que é mais fácil ser cego do que ser surdo, porque a maneira de se comunicar dos surdos é diferente. Isso é verdade?* (Pedagogia. Semestre: 2014.1).

A questão que a última fala traz me fez lembrar de uma discussão feita por Sacks (2010). O autor relata que algumas pessoas tendem a comparar a surdez e a cegueira, aparentemente, numa tentativa de perceber (des)vantagens em ser surdo ou cego.

> Ao pensarem sobre a surdez, quando chegam a pensar, as pessoas tendem a considerá-la menos grave do que a cegueira, a vê-la como uma desvantagem, um incômodo ou uma invalidez, mas quase nunca como algo devastador num sentido radical (Sacks, 2010, p. 19).

O autor relata, então, como o abismo que pode ser criado entre crianças surdas e seus pais ouvintes pode ser uma experiência de isolamento. O ponto em questão, portanto, parece não residir no fato de ser surdo ou cego, mas nas construções que são feitas socialmente sobre ser surdo ou ser cego; sobre os afastamentos e isolamentos que tais construções podem causar. Como nos diz Silva (2009, p. 76), identidade e diferença são resultado de criação, por *atos de linguagem:*

> Dizer que são o resultado de atos de criação significa dizer que não são "elementos" da natureza, que não são essências, que não são coisas que estejam simplesmente aí, à espera de serem descobertas, respeitadas ou toleradas. A identidade e a diferença têm que ser ativamente produzidas.

Penso, a partir deste ponto, na importância de se conversar com/sobre os sujeitos surdos para os estudantes de LIBRAS. Não somente sobre "educação de surdos", "acessibilidade para surdos", "história das comunidades surdas", mas também com/sobre as pessoas surdas, em sua individualidade/subjetividade/coletividade. Na possibilidade de nos fazer aproximar de outros sujeitos sem a premissa de dicotomizar nós/eles, sim/não, reconhecendo a legitimidade de suas vozes.

É importante destacar que, de certo modo, havia (e há) em mim alguma preocupação de que a implementação da disciplina se tornasse mais uma estratégia de apagar o que as línguas de sinais são e representam para as comunidades surdas, oferecendo-as como meros instrumentos, minimizando as identidades/alteridades surdas, como se fosse possível resolver as questões históricas de exclusão e isolamento por expor os estudantes de Pedagogia (e licenciaturas) ao contato com ela durante um semestre. Esse pensamento me leva a acreditar que para que haja de fato mudanças na educação de surdos:

> O direito da língua de sinais deve exceder ao reconhecimento legal: deve impulsionar as escolas às mudanças; os currículos escolares às alterações e descentramentos; não apenas com o movimento de uma disciplina que mostra as relíquias de uma língua, mas afetando e minando mudanças estruturais na educação e na construção de um ensino verdadeiramente bilíngue (Martins, 2008, p. 201).

Dessa maneira, a obrigatoriedade – por si só – não me parecia suficiente. E, por isso, nem sempre estive disposta a considerar de maneira positiva tal obrigatoriedade. A fala da estudante, porém, ressignificou essa questão em minha experiência docente. Pude perceber que "tradicionalmente, a surdez tem sido vista como uma patologia; a Língua de Sinais, como um meio de expressão corporal universal; o indivíduo surdo, como um deficiente; e a escola de surdos, como uma clínica de reparação" (Leite; McCleary, 2009, p. 243) e que, apesar de insuficiente, a presença da disciplina de LIBRAS provocou mudanças nos olhares. Retomo aqui a narrativa de uma das estudantes:

> *Comecei a entender os surdos de uma outra perspectiva. Entender que eles não são "coitados", nem deficientes, mas uma comunidade com sua cultura própria, assim como qualquer cultura tem suas características e especificidades* (Pedagogia. Semestre: 2010.2).

As experiências citadas pela estudante com as pessoas surdas antes da disciplina pareciam lhe "empurrar" uma visão também pejorativa da língua de sinais. A surdez, a língua de sinais, o não ouvir têm sido produzidos do lugar de quem não é surdo, de quem utiliza uma língua oral e de quem ouve. Isso pode levar a uma representação que distancia, coloca o outro no lugar da falta. Conforme afirma Lopes (2011, p. 7): "a surdez é uma grande invenção". Falando especificamente sobre a educação, a autora continua:

> A surdez como deficiência que marca um corpo determinando sua aprendizagem é inventada através do referencial ouvinte, das pedagogias corretivas, da normalização e dos especialistas que fundaram um campo de saber capaz de "dar conta" de todos aqueles que não se enquadram em um perfil idealizado de normalidade (Lopes, 2011, p. 8).

A oportunidade de discutir a língua de sinais no espaço acadêmico proporcionou, mais do que o contato com a língua, a possibilidade de ressignificar a memória e as experiências. Como, a partir daí, essa aluna pensaria a questão da diferença? Do mesmo modo? Com cautela, receio ou desânimo? Ou poderia, por suas ressignificações, ousar experimentar conhecer outras maneiras de pensar? Em ambas as conversas percebi que meu papel como professora não poderia ser dimensionado ou delimitado pelo que é descrito em um decreto. Skliar (2009b, p. 29) nos adverte sobre a crença na imposição de leis e textos tidos como canônicos no campo da Pedagogia como forma de pensar a mudança educativa:

> Estamos habituados demais a pensar a trajetória das mudanças educativas como percursos inexoravelmente traçados e determinados, sempre, absolutamente sempre, pelas mudanças impostas no âmbito das leis e dos textos, pelas mudanças obrigatórias – e obrigadas – de currículo, de didática e de dinâmica.

Valorizar as vivências em sala de aula e refletir sobre as singularidades dessas vivências têm possibilitado uma ressignificação de meus modos de pensar sobre a disciplina LIBRAS no espaço acadêmico. Posso afirmar, então, que experimentar a docência como pesquisadora disponível ao diálogo tem constituído minha formação docente.

> Essa aprendizagem de mim mesmo, quando olho na imagem espelhada das representações dos demais, permite recuperar essa coisa estranha que sou para mim mesmo só pelo simples fato de o ser para os demais. Este é um gênero de reflexividade induzido pelo outro (Pais, 2007, p. 30).

Quando da implementação oficial da disciplina nesta universidade, já havia decorrido cinco anos da promulgação do Decreto n.º 5.626/2005[13], e, mesmo no meio acadêmico, a obrigatoriedade não era (re)conhecida. De fato, o que é apresentado no Decreto implica a educação de modo geral no Brasil, visto que estabelece diretrizes para a educação básica e o ensino superior em relação à pessoa surda ou com deficiência auditiva[14]. Gradativamente, tal discussão foi tomando espaço no meio acadêmico, principalmente sobre a abordagem e a organização curricular da disciplina.

Ainda assim, havia para mim o sentimento de que o texto do Decreto deixava em desamparo os professores dessa "nova" área acadêmica. Por que ensinar? Como ensinar? O que ensinar? Como organizar a disciplina? Essas são questões que frequentemente retomo, pela dificuldade ou ansiedade de organizar a disciplina, ou mesmo nas conversas que tenho com os estudantes. Alguns autores têm ponderado que os objetivos da disciplina não podem focar a fluência na língua e, ao mesmo tempo, precisam extrapolá-la.

---

[13] Este Decreto regulamenta a Lei de Libras (Lei n.º 10.436/2002), o artigo 18 da Lei de Acessibilidade (Lei n.º 10.098/2000) e dispõe sobre: a inclusão da LIBRAS como disciplina curricular; a formação do professor de LIBRAS e do instrutor de LIBRAS; o uso e a difusão da LIBRAS e da língua portuguesa para o acesso das pessoas surdas à educação; a formação do tradutor e intérprete de LIBRAS/língua portuguesa; a garantia do direito à educação das pessoas surdas ou com deficiência auditiva; a garantia do direito à saúde das pessoas surdas ou com deficiência auditiva; o papel do poder público e das empresas que detêm concessão ou permissão de serviços públicos, no apoio ao uso e difusão da LIBRAS.

[14] Ideológica e politicamente, os termos "surdo", "Surdo" e "deficiente auditivo" não são sinônimos. O termo "Surdo", com inicial maiúscula, tem representado para alguns autores uma identidade linguística e cultural. O termo "surdo", com inicial minúscula, representa a condição de não ouvir, mas, além disso, o envolvimento em comunidades surdas e o uso da língua de sinais – o reconhecimento da surdez como uma diferença, não como deficiência (*Cf.* SACKS, 2010). O termo "deficiente auditivo" é visto negativamente na comunidade surda. Indica a dificuldade em ouvir, em comunicar-se ou em participar das comunidades surda e ouvinte. Muitas vezes é associado a pessoas que perderam a audição, que utilizam próteses e implantes ou, ainda, àqueles que têm dificuldade para ouvir e não utilizam língua de sinais (*Cf.* GESSER, 2009).

> O decreto não estabelece o número de horas nem as expectativas de aprendizagem da disciplina. Não cabe aqui uma discussão sobre a carga horária necessária para a disciplina, mas é interessante esclarecer que, qualquer que seja a quantidade de horas, a fluência não deve ser o objetivo de um curso com carga reduzida. No entanto, tendo o contato com a Libras e com usuários surdos fluentes nessa língua, muitos alunos podem sentir-se motivados a dar continuidade ao aprendizado (Pereira *et al.*, 2011, p. 99).

Pensar a organização da disciplina se mostra um desafio. Frequentemente os estudantes indagam quais os objetivos da disciplina, ou se não há possibilidade de uma nova organização. Talvez por essa incompletude do Decreto, há a possibilidade de abrir caminhos, abandonando o que é esperado. Sobre a expectativa dessa disciplina, um dos estudantes narrou:

> *Na verdade, quando eu vi que teve a discussão da implementação de LIBRAS, que teve LIBRAS com a outra professora surda e que depois passou a não ter mais, quando vi LIBRAS lá no horário, eu pensava que fosse justamente como um curso de idiomas: só pra você aprender minimamente, porque em seis meses você não aprende uma língua, mas [...] sinceramente, quando ouvi da implementação da disciplina, eu pensava que fosse mais para aprender a falar mesmo* (Pedagogia. Semestre: 2011.1).

O título da disciplina talvez provoque essa expectativa descrita pelo estudante. Há que se estudar uma língua – e talvez ao estudá-la seremos capazes de utilizá-la, como num curso de idiomas. Mas sou levada a pensar algo mais. A gestualidade e a visualidade das línguas de sinais podem levar um expectador inexperiente à falsa ideia de simplicidade. Sacks (2010, p. 70) relata:

> [...] à primeira vista, a língua de sinais afigura-se pantomímica; dá a impressão de que, prestando atenção, logo a "entenderemos" – todas as pantomimas são

> fáceis de entender. Mas à medida que continuamos a olhar, perdemos essa sensação de "já sei"; ficamos vexados ao descobrir que, apesar de sua aparente transparência, ela é ininteligível.

Isso me fez pensar: se fosse proposto o estudo de uma língua oral nos moldes da proposta da língua de sinais – um semestre – pensaríamos na possibilidade de se assemelhar a um curso de idiomas? Pensaríamos na possibilidade de aprender a falar tal língua num espaço curto de tempo? Que expectativas teríamos? E mais: como professora, como lidar com essas expectativas? O que eu pretendia compartilhar com a turma eram meus conhecimentos da língua de sinais brasileira – que não foram compreendidos pela via dos estudos gramaticais ou linguísticos; tiveram um contexto social, histórico e discursivo. Ainda assim, em alguns momentos, pensei na proposta da oferta de um vocabulário que pudesse servir de base, a exemplo de cursinhos básicos de conversação.

Percebi, portanto, que a expectativa do estudante citado não estava distante dos moldes em que idealizei a disciplina a princípio: também pensei na possibilidade de sermos todas e todos falantes de língua brasileira de sinais. Refletir sobre a expectativa e a "quebra" desta me fez perceber que eu talvez estivesse tentando enquadrar os conhecimentos de LIBRAS em modelos pré-concebidos de *aprendizagemensino*. Leite e McClearly (2009, p. 250-251) chamam a atenção para isso, ao comentarem:

> O plano morfossintático constituiu-se num dos aspectos de maior dificuldade no aprendizado da Libras. Parecia bastante difundida, entre os professores, a ideia de que primeiro devemos aprender sinais isolados para depois aprender a combiná-los, o que se revelava na estratégia de sempre introduzir uma lista de sinais antes de atividades de uso da Libras em interação. Tal visão resultou no desenvolvimento de hábitos prejudiciais por parte dos alunos ouvintes, que se viam sem alternativa a não ser a de empregar os sinais que eles conheciam na estrutura mais linear do Português, que difere significativamente da estrutura mais espacial da Libras.

Essa compreensão do que os autores citam como complicadores do aprendizado de LIBRAS me moveu a buscar ideias que contemplasse um pouco mais do que o uso e a repetição de palavras, mas algo que se tornasse significativo. Em alguns momentos as propostas de jogos se mostraram importantes para a produção de sentidos e de aproximação com a língua de sinais em suas múltiplas características. Foi interessante observar como – ao propor que a própria turma criasse jogos em LIBRAS – os estudantes se propunham a reorganizar jogos conhecidos de maneira mais visual e dinâmica.

A *aprendizagemensino* de LIBRAS envolve "habilidades", hábitos e conhecimentos linguísticos diferentes dos que, quando habituados apenas a línguas orais, costumamos desenvolver. Por isso, é possível ouvir em conversas o relato de dificuldades que estudantes têm de enfrentar ao cursar a disciplina, e que estas poderiam vir a ser um impedimento para uma aproximação com a língua. Trago a seguir uma conversa entre um dos discentes e eu:

> [Discente] *Acho que a matéria é pequena pra proposta, que não é fazer com que nós saiamos fluentes em LIBRAS, mas é... como vai depender sempre da... como eu posso dizer... da elasticidade intelectual de cada um, alguns vão ter mais facilidade numa coisa, mais dificuldade noutra, alguns vão pegar com mais facilidade o gestual e transformar em pensamento, vão fazer isso com mais facilidade e outros não. O fato é que ela é muito pequena para propiciar isso para a maioria dos estudantes que estão na matéria. Ela deveria ser no mínimo 90 horas, no mínimo.*
>
> [Etiene] *Dois semestres.*
>
> [Discente] *Ela deveria ser uma matéria anual. Seria muito mais proveitoso, porque você teria uma quantidade grande, você teria tempo de passar pela timidez e começar a se encontrar aos poucos, começar a experimentar isso.*
>
> [Etiene] *Você se sente tímido na disciplina?*
>
> [risos]

> [Discente] *Sim, porque é diferente de fazer um curso de inglês, porque mal ou bem você escuta inglês em algum lugar, você pode até articular os pronomes errados, trocar a ordem, não sabe se o verbo sofre flexão de gênero, voz, tempo, mas você consegue articular. Isso* [a LIBRAS] *é uma língua nova que não tenho a menor referência de como funciona. Outra coisa, não usa a voz. Usa as mãos, o corpo. E o corpo já é mal trabalhado na universidade inteira. A gente tem uma matéria de Corpo*[15]*, por exemplo, que é difícil fazer a galera se soltar. O corpo é o nosso instrumento de trabalho na educação, como educadores, e nós não temos isso. Então, pra mim, pensar a LIBRAS é difícil, porque você precisa traduzir esse pensamento em gestual. Isso demanda tempo para mim. Algumas pessoas até articulam com facilidade maior, não sei se elas já conhecem alguma coisa, viram alguma coisa, ou têm contato com alguém. Mas para mim é difícil porque eu não posso escrever para memorizar. Eu não posso desenhar para memorizar, até porque o desenho não é um GIF. Não tem movimento. Então não dá para estudar da maneira tradicional que nós estudamos.* (Pedagogia. Semestre: 2012.1)

As questões trazidas nessa conversa me conduziram a diversas reflexões. A princípio me fez retomar a maneira como aprendi língua de sinais – de maneira contextualizada, fluida, em conversas – e a institucionalização do aprendizado da língua de sinais. O que se torna diferente nesse processo? Lendo sobre a questão dos desafios enfrentados pelos ouvintes que intentam aprender língua brasileira de sinais, pude perceber algumas questões também mencionadas pelo discente:

> As Línguas de Sinais parecem exigir um refinamento da visão que os ouvintes precisam desenvolver. Como os demais colegas ouvintes, a minha tendência em meus primeiros anos de aprendizagem da Libras era a de focalizar a atenção nas mãos do sinalizador em detrimento do rosto, perdendo uma série de informações linguísticas importantes veiculadas por esse canal.

---

[15] Referência à disciplina "Corpo e Movimento" existente no curso em que estava matriculado.

> [...] Um dos maiores empecilhos para a efetivação do processo de padronização da Libras no Brasil é a falta de um sistema de escrita consolidado para essa língua. [...] A ausência de uma escrita de sinais resultou também em algumas dificuldades adicionais para os alunos ouvintes. Desprovidos de um instrumento habitual de registro, de reflexão e de compreensão das aulas, restava-nos duas opções, nenhuma delas satisfatória: não fazer qualquer anotação e apoiar-se apenas na memória para estudar os conteúdos ensinados na aula; ou então fazer um registro escrito utilizando-se da Língua Portuguesa como meio de descrição da Libras, o que naturalmente resultava em anotações pouco claras e precisas (Leite; McCleary, 2009, p. 252-254).

Pensar em aprender uma língua que não utiliza a voz, mas que necessita que refine seu olhar, que movimente o corpo, que amplie a expressividade de seu rosto e de seu corpo, além de pensar em usar as mãos para formar palavras, parece constituir realmente um desafio. Algo que o discente me chama a atenção e me provoca a pensar:

> *Outra coisa, não usa a voz. Usa as mãos, o corpo. E o corpo já é mal trabalhado na universidade inteira. A gente tem uma matéria de Corpo, por exemplo, que é difícil fazer a galera se soltar. O corpo é o nosso instrumento de trabalho na educação, como educadores, e nós não temos isso. Então pra mim, pensar a LIBRAS é difícil, porque você precisa traduzir esse pensamento em gestual* (Pedagogia. Semestre: 2012.1).

Até que ponto aprendemos a nos expressar, a nos relacionar, a ter contato, a reconhecer em nosso corpo as possibilidades de comunicação, de proximidade e de afeto? Até que ponto essa aprendizagem (ou não) interfere em nossa atuação como educadores? Como aprender uma língua visual nos traz a atenção algo tão importante? O papel que a disciplina de LIBRAS assume nesse momento, em minhas reflexões, é de possibilitar pensar sobre outras experiências de expressão, outras possibilidades de autoconhecimento. A questão da visualidade vai além da questão linguística. É uma maneira outra de viver, aprender, conhecer, pensar.

Não adianta buscar um enquadramento de uma língua de sinais a um pensamento baseado na audição e Skliar (2010, p. 28) chama a atenção para essa questão ao dizer que:

> As potencialidades e capacidades visuais dos surdos não podem ser entendidas somente em relação ao sistema linguístico próprio da língua de sinais. A surdez é uma experiência visual, [...] e isso significa que todos os mecanismos de processamento da informação, e todas as formas de compreender o universo em seu entorno, se constroem como experiência visual. Não é possível aceitar, de forma alguma, o visual da língua de sinais e disciplinar a mente e o corpo das crianças surdas como sujeitos que vivem uma experiência auditiva.

Refletir sobre isso me fez pensar a necessidade de rever, reorganizar a disciplina e dialogar com os pares sobre tal questão. Fez-me refletir sobre a possibilidade de aproximar estudantes ouvintes dessa experiência majoritariamente visual vivida pelos surdos. Retomando o que o discente disse:

> *Mas para mim é difícil porque eu não posso escrever para memorizar. Eu não posso desenhar para memorizar, até porque o desenho não é um GIF. Não tem movimento. Então não dá para estudar da maneira tradicional que nós estudamos* (Pedagogia. Semestre: 2012.1).

Duas questões me inquietaram nessa fala. A primeira diz respeito à forma escrita da língua de sinais. Apesar dos estudos, ainda não está instituído o ensino de uma forma escrita da LIBRAS. Cabe refletir se esse desconhecimento não se perpetua justamente porque ainda não compreendemos o papel que o registro escrito ocupa(ria) no uso das línguas de sinais. No Brasil, as pesquisas sobre um sistema escrito se iniciaram em meados da década de 1990 (Gesser, 2009). Porém, ainda hoje, o desconhecimento sobre as possibilidades de escrita em língua de sinais permanece, conforme afirma a autora Gesser (2009, p. 43-44):

> O sistema no Brasil é ainda incipiente e está em fase de experimentação, pois a própria grafia da LIBRAS passa por um processo de padronização. [...] Ainda há muita especulação sobre o assunto, por isso são necessários mais estudos para compreender os símbolos e criar uma tradição na sociedade para o letramento na escrita de sinais. Sua importância, entretanto, é, sem sombra de dúvidas um bem cultural com positivas implicações para o fortalecimento e a emancipação linguística do grupo minoritário surdo.

Que papel ocupa o espaço universitário na produção e divulgação desse conhecimento? Seria possível permitir uma aproximação com a escrita da língua de sinais? Em alguns espaços, livros e cursos, convenciona-se o uso da língua portuguesa escrita com algumas indicações gráficas (caixa-alta, sinais gráficos, etc.) para representar a língua de sinais[16]. Seria uma aproximação com esses sistemas de transcrição algo possível com o registro em língua de sinais? Facilitaria o aprendizado?

Em segundo lugar, fiquei pensando na frase "*não dá para estudar da maneira tradicional*". Será que, ao pensar uma outra língua, não é necessário também pensar outros modos de conhecer e de estudar? Como pensar no estudo de uma língua se os métodos tradicionais não dão conta do processo de *aprendizagemensino*? A palavra nos constitui, aprendemos pela palavra: ouvida, dita, escrita. Como pensar na palavra visual e nas possibilidades de que esta constitua nossa aprendizagem?

Refletir sobre a universidade como um espaço para a inovação, para a mudança, para a criatividade parece uma importante condição para se pensar maneiras outras de *aprendizagemensino*. Conforme afirma Lucarelli (2002), a experiência de perceber as limitações de alguns modos de ensinar levam docentes a pensar possíveis

[16] *Cf.* QUADROS, Ronice Müller de; KARNOPP, Lodenir Becker. *Língua de Sinais Brasileira*: Estudos Linguísticos. Porto Alegre: Artmed, 2004. As autoras explicam detalhadamente as escolhas que fazem para utilizar palavras da língua portuguesa aliadas a alguns sinais gráficos para representar os sinais da LIBRAS.

mudanças, destacando a necessidade de escuta e de ultrapassar o discurso, externando em suas ações a busca por modos outros.

> Son los docentes que preocupados con aquella situación, por iniciativa propia, por ser buenos escuchas de los reclamos de sus alumnos, o de la demanda social, por haber compartido espacios de formación acerca de la enseñanza, por haber ampliado su marco teórico, también en contacto con pedagogos, se muestran disconformes con una situación didáctica limitativa y manifiestan con palabras y acciones el interés por modificar el statu quo vigente (Lucarelli, 2002, p. 155).

Nesse sentido, atuar como docente em uma área que implica outros modos de sentir, conhecer, ver, aprender demanda reconhecer a necessidade de outras possibilidades de conhecer/estudar/aproximar.

6

CONVERSAS PARA ALÉM

Este texto trata de histórias, memórias e vivências. Nesse breve retomar desta experiência, pude perceber que os rumos da pesquisa: interesse, conversas, maneiras de pesquisar, leituras foram se delineando no decorrer do processo. Creio ser relevante apontar algumas questões sobre o processo como maneira de encerrar – por enquanto – esta conversa.

Refletir sobre a língua de sinais como disciplina nos cursos de licenciatura foi motivado por diversas vivências com a língua de sinais: o contato com amigas e amigos surdos, o ensino na escola básica, as experiências de tradução, o estudo da língua. Eleger um programa de estudos sobre uma língua – com uma história distinta de nossa própria língua, com situações e sensações outras que não sonoras – abriu possibilidades de pesquisar a implementação da disciplina como obrigatória nos cursos de graduação de formação de professores.

Como educadora, essa experiência constituiu o registro de um processo dialógico de pensar a própria prática no contato com o outro e no contato com minhas próprias experiências. Colocar minha prática como possibilidade de discussão nas conversas foi, para dizer o mínimo, uma experiência de autoavaliação e autocompreensão como professora. Foi, ainda, constituinte do processo de estar sendo professora.

A docência tem sido um processo de descobertas, curiosidades, pesquisas. Pude experimentar esse processo em diversos espaços públicos, espaços onde a heterogeneidade se faz presente: docentes, estudantes, gestores, familiares – cada um compartilhando suas histórias. Porém, apesar disso, também percebo muitos discursos de homogeneização, discursos muitas vezes tão sutis quanto violentos.

Essa percepção tem se evidenciado ainda mais com as leituras e diálogos que venho realizando. É importante destacar que tais discursos de homogeneização, em sua sutileza, podem nos levar a acreditar que insistirmos em fixar um traço identitário como algo que define quem e o que somos em nossa complexidade. Nesse ensejo, retrato-me aqui caso em algum momento deste texto tenha me sobreposto às histórias das pessoas surdas ou dado a entender que penso haver um grupo homogêneo, que sente, sofre e anseia as mesmas coisas. Tenho sido levada a perceber que constituir um grupo ou uma comunidade não significa um mimetismo ou uma autoanulação, mas experiências de intercâmbio e convivência.

Ao aprender sobre a língua de sinais, pude ressignificar a experiência da visualidade. Tenho convivido com pessoas surdas que falam a língua de sinais, que falam e/ou conhecem bem a língua portuguesa, surdas e surdos que se sentem isolados, surdas e surdos que foram acolhidos por suas famílias – e tantos outros que, com suas histórias, constituem as comunidades de que fazem parte. Porém, posso afirmar que só pude perceber tal heterogeneidade a partir do contato e da aprendizagem da língua de sinais. Neste ponto, (re)avalio minha experiência como docente da disciplina de LIBRAS: a possibilidade de ter contato com a língua de sinais no espaço acadêmico pode ser também a possibilidade de ter contato com sujeitos outros, percebendo a complexidade dos grupos, dos discursos e de nós mesmos. Tem sido importante, neste caminho, revisitar minhas experiências de outrora, refletir sobre as experiências de agora e ouvir os relatos e as perguntas suscitadas nos e pelos estudantes.

O próprio delinear aqui das histórias sobre as comunidades surdas e as línguas de sinais mostrou-se um processo de escuta atenta, visto que os pontos aqui trazidos colaboraram para que eu pudesse perceber a relação complexa entre ciências, educação e subjetividade. Não poderíamos refletir sobre a (in)visibilidade destes ou daqueles grupos e sujeitos se não somos levados a perceber as relações de poder estabelecidas e construídas ao longo do tempo.

Esse processo de conversa fez com que me expusesse como docente/discente, num movimento de ouvir e refletir sobre minhas práticas, sendo possível exercer o princípio da circularidade. Além disso, minhas ideias estão aqui imbricadas, levando-me a pensar que outros docentes e outros discentes que se proponham a discutir o mesmo tema poderão trazer questões outras. Esse processo, coletivo – pelo intercambiar necessário e possível – e singular, por ser um processo experimentado por mim (um sujeito único) – não é um processo neutro, frio ou descolado de histórias e subjetividades. Tomou sentido na proximidade entre nós, os sujeitos que, com o reconhecimento de nossas vozes como legítimas, participam deste processo de *aprendizagemensino*. Encerro afirmando que as histórias que narramos passam a constituir-nos. Espero, portanto, que as discussões e as reflexões sobre as miniaturas/singularidades cotidianas da *aprendizagemensino* de LIBRAS no espaço acadêmico possam provocar outras perguntas, discussões e conversas.

REFERÊNCIAS

ALLUM, Nicholas C; BAUER, Martin W; GASKELL, George. Qualidade, Quantidade e Interesses do Conhecimento: Evitando Confusões. *In:* BAUER, Martin W; GASKELL, George (ed.). *Pesquisa Qualitativa com Texto, Imagem e Som*: um Manual Prático. Tradução de Pedrinho A. Guareschi. 6. ed. Petrópolis: Vozes, 2007.

ARANHA, Maria Salete Fábio (org.). *Educação Inclusiva*: a Fundamentação Filosófica. Brasília: Ministério da Educação; Secretaria de Educação Especial, 2004. v. 1. 28 p. Disponível em: http://portal.mec.gov.br/seesp/arquivos/txt/fundamentacaofilosofica.txt. Acesso em: 12 jan. 2011.

ARANTES, Valéria Amorim (org.). *Educação de Surdos*. São Paulo: Summus, 2007. (Coleção Pontos e Contrapontos).

BAKHTIN, Michael; VOLOCHÍNOV, Valentin Nikoláievitch. *Marxismo e Filosofia da Linguagem*: Problemas Fundamentais do Método Sociológico da Linguagem. 14. ed. São Paulo: Hucitec, 2010.

BAPTISTA, José Afonso. *Os Surdos na Escola*: a Exclusão pela Inclusão. Vila Nova de Gaia: Fundação Manuel Leão, 2008.

BENJAMIN, Walter. *Magia e Técnica, Arte e Política.* São Paulo: Brasiliense, 1987.

BRAGANÇA, Felipe (org.). *Eduardo Coutinho*. Rio de Janeiro: Beco do Azougue, 2008. (Coleção Encontros).

BRASIL. Decreto n.º 5.626, de 22 de dezembro de 2005. Regulamenta a Lei n.º 10.436, de 24 de abril de 2002, que dispõe sobre a Língua Brasileira de Sinais - Libras, e o art. 18 da Lei n.º 10.098, de 19 de dezembro de 2000. *Diário Oficial da União*: seção 1, Brasília, DF, n. 246, p. 28, 23 dez. 2005. Disponível em: https://www.planalto.gov.br/ccivil_03/_ato2004-2006/2005/decreto/d5626.htm. Acesso em: 16 ago. 2023.

BRASIL. Lei n.º 10.436, de 24 de abril de 2002. Dispõe sobre a Língua Brasileira de Sinais - Libras e dá outras providências. *Diário Oficial da União*: seção 1, Brasília, DF, n. 79, p. 23, 25 abr. 2002. Disponível em: https://www.planalto.gov.br/ccivil_03/leis/2002/l10436.htm. Acesso em: 16 ago. 2023.

BRASIL. Lei n.º 10.098, de 19 de dezembro de 2000. Estabelece normas gerais e critérios básicos para a promoção da acessibilidade das pessoas portadoras de deficiência ou com mobilidade reduzida, e dá outras providências. *Diário Oficial da União*: seção 1, Brasília, DF, n. 244-E, p. 2, 20 dez. 2000. Disponível em: https://www.planalto.gov.br/ccivil_03/leis/l10098.htm. Acesso em: 16 ago. 2023.

BRASIL. Lei nº 9.394, de 20 de dezembro de 1996. Estabelece as diretrizes e bases da educação nacional. *Diário Oficial da União*: seção 1, Brasília, DF, p. 27833, 23 dez. 1996. Disponível em: http://www.planalto.gov.br/ccivil_03/leis/l9394.htm. Acesso em: 16 ago. 2023.

CAMBI, Franco. *História da Pedagogia*. São Paulo: EdUNESP, 1999.

CARVALHO, Janete Magalhães. *Cotidiano Escolar como Comunidade de Afetos*. Petrópolis; Brasília, DF: DP et Alli, 2009.

CERTEAU, Michel de. *A Invenção do Cotidiano*. 3. ed. Tradução de Ephraim Ferreira Alves. Petrópolis: Vozes, 1998.

CONNELLY, Michael; CLANDININ, Jean. Relatos de Experiencia e Investigación Narrativa. *In:* LARROSA, Jorge (org.). *Déjame que te Cuente*: Ensayos sobre Narrativa y Educación. Barcelona: Editorial Laertes, 1995.

COSTA, Marisa Vorraber. *Caminhos Investigativos I*: Novos Olhares na Pesquisa em Educação. 3. ed. Rio de Janeiro: Lamparina Editora, 2007a.

COSTA, Marisa Vorraber. Uma Agenda para Jovens Pesquisadores. *In:* COSTA, Marisa Vorraber (org.). *Caminhos Investigativos II*: Outros Modos de Pensar e Fazer Pesquisa em Educação. 2. ed. Rio de Janeiro: Lamparina Editora, 2007b.

DIDEROT, Denis. *Carta sobre os Cegos Endereçadas Àqueles que Enxergam; Carta sobre os Surdos e Mudos Endereçada Àqueles que Ouvem e Falam.* São Paulo: Editora Escala, 2006.

DUSSEL, Inés. Igualdad y Diferencia en el Contexto Educativo. *In:* SKLIAR, Carlos. *Pedagogía de las diferencias.* Buenos Aires: FLACSO Virtual, 2008.

FERRAÇO, Carlos Eduardo; PEREZ, Carmen Vidal; OLIVEIRA, Inês Barbosa de. Diferentes abordagens, temas e modos de ser da pesquisa nos/dos/com os cotidianos. *In:* FERRAÇO, Carlos Eduardo (org.). *Aprendizagens Cotidianas com a Pesquisa*: Novas Reflexões em Pesquisa nos/dos/com os Cotidianos das Escolas. Petrópolis: DP et Alli, 2008.

FERRAÇO, Carlos Eduardo. A Pesquisa em Educação no/do/com o Cotidiano das Escolas. *In:* FERRAÇO, Carlos Eduardo (org.). *Aprendizagens Cotidianas com a Pesquisa*: Novas Reflexões em Pesquisa nos/dos/com os Cotidianos das Escolas. Petrópolis: DP et Alli, 2008.

FERRAÇO, Carlos Eduardo. Pesquisa com o Cotidiano. *Educação & Sociedade*, Campinas, v. 28, n. 98, p. 73-95, jan./abr. 2007.

FERRAÇO, Carlos Eduardo. Ensaio de uma metodologia efêmera: ou sobre várias maneiras de se sentir e inventar o cotidiano escolar. *In:* ALVES, Nilda; OLIVEIRA, Inês Barbosa de (org.). *Pesquisa no/do cotidiano das escolas*: sobre redes de saberes. 2. ed. Rio de Janeiro: DP&A, 2002. p. 91-108.

FERREIRA, Lucinda. *Legislação e a Língua Brasileira de Sinais.* São Paulo: Ferreira & Bergoncci Consultoria e Publicações, 2003.

FOUCAULT, Michael. *Os Anormais.* São Paulo: WMF Martins Fontes, 2010.

FREIRE, Paulo. *Educação Como Prática da Liberdade.* Rio de Janeiro: Paz e Terra, 1967.

FREIRE, Paulo. *Pedagogia da Autonomia*: Saberes Necessários à Prática Educativa. São Paulo: Paz e Terra, 1996.

FREIRE, Paulo. *Política e Educação*: ensaios. 5. ed. São Paulo: Cortez, 2001.

FREIRE, Paulo. *A Importância do Ato de Ler.* 50. ed. São Paulo: Cortez, 2009.

FREIRE, Paulo. Liberdade Cultural na América Latina. *In:* STRECK, Danilo (org.). *Fontes da Pedagogia Latino-Americana*: uma Antologia. Belo Horizonte: Autêntica Editora, 2010.

FREIRE, Paulo; GUIMARÃES, Sérgio. *Dialogando com a própria história.* São Paulo: Paz e Terra, 2011.

GALVÃO, Cecília. Narrativas em Educação. *Ciência & Educação*, Bauru, v. 11, n. 2, p. 327-345, 2005. Disponível em: http://www.scielo.br/scielo.php?pid=S1516-73132005000200013&script=sci_arttext. Acesso em: 29 ago. 2010.

GERALDI, João Wanderley. *A Aula como Acontecimento*. São Carlos: Pedro & João Editores, 2010.

GESSER, Audrei. *LIBRAS:* Que Língua é Essa? Crenças e Preconceitos em Torno da Língua de Sinais e da Realidade Surda. São Paulo: Parábola Editorial, 2009.

GESSER, Audrei. *O ouvinte e a surdez*: sobre o ensinar e aprender Libras. São Paulo: Parábola Editorial, 2012.

GOLDFELD, Márcia. *A Criança Surda*: Linguagem e Cognição Numa Perspectiva Sócio-Interacionista. São Paulo: Plexus Editora, 2001.

LABORIT, Emmanuelle. *O Voo da Gaivota*. São Paulo: Editora Best Seller, 1994.

LACERDA, Mitsi Pinheiro. A Privacidade da Miniatura: uma Pesquisa em Cotidiano Escolar. *Educar*, Curitiba, n. 36, p. 233-244, 2010.

LAPASSADE, Georges. *As Microssociologias*. Tradução de Lucie Didio. Brasília: Liber Livro, 2005. (Série Pesquisa em Educação, v. 9). p. 15-50, 109-160.

LAROSSA, Jorge. Experiencia y Alteridad em educación. *In:* LARROSA, Jorge; SKLIAR, Carlos. *Experiencia y Alteridad en Educación*. Buenos Aires: Homo. Sapiens; FLACSO, 2009. (Colección "Pensar la educación"). p. 13-44.

LAROSSA, Jorge. Literatura, Experiência e Formação: uma entrevista com Jorge Larossa. *In:* COSTA, Marisa Vorraber (org.). *Caminhos Investigativos*

I: novos olhares na pesquisa em educação. Rio de Janeiro: Lamparina Editora, 2007.

LAROSSA, Jorge. Epílogo: a Arte da Conversa. *In:* SKLIAR, Carlos (org.). *Pedagogia (Improvável) da Diferença*. E se o outro não estivesse aí? Rio de Janeiro: DP&A Editora, 2003.

LEITE, Tarcísio Arantes; McCLEARY, Leland. Estudo em diário: Fatores complicadores e facilitadores no processo de aprendizagem da Língua de Sinais Brasileira por um adulto ouvinte. *In:* QUADROS, Ronice Müller de; STUMPF, Marianne Rossi (org.). *Estudos Surdos IV*. Petrópolis: Editora Arara Azul, 2009.

LÉVY, Pierre. *Cibercultura*. Tradução de Carlos Irineu da Costa. São Paulo: Editora 34, 1999.

LODI, Ana Cláudia B. Plurilingüismo e surdez: uma leitura bakhtiniana da história da educação dos surdos. *Educação e Pesquisa*, São Paulo, v. 31, n. 3, p. 409-424, 2005.

LOPES, Maura Corcini. *Surdez & Educação*. Belo Horizonte: Autêntica Editora, 2011.

LUCARELLI, Elisa. Enseñar y aprender en la universidad: la articulación teoría-práctica como eje de la innovación en el aula universitaria. *In:* CANDAU, Vera Maria (org.). *Ensinar e aprender*: sujeitos, saberes e pesquisa. 2. ed. Rio de Janeiro: DPeA, 2002.

LÜDKE, Menga; ANDRÉ, Marli. *Pesquisa em Educação*: Abordagens Qualitativas. São Paulo: EPU, 1986.

MARTINS, Regina de O. Análise das vantagens e desvantagens da Libras como disciplina curricular no ensino Superior. *Cadernos do CEOM*, Chapecó, ano 21, n. 28, p. 191-206, jun. 2008.

MASOLO, Dimas. Filosofia e Conhecimento Indígena: uma Perspectiva Africana. *In:* SANTOS, Boaventura de Sousa; MENESES, Maria Paula. *Epistemologias do Sul*. São Paulo: Cortez, 2010. p. 313-337.

MAZZOTA, Marcos José Silveira. *Educação especial no Brasil*: Histórias e Políticas Públicas. São Paulo: Cortez, 2005.

MEYER, Dagmar; SOARES, Rosângela. Modos de Ver e de se Movimentar pelos "Caminhos" da Pesquisa Pós-Estruturalista em Educação: o Que Podemos Aprender com – e a Partir de – um Filme. *In:* COSTA, Marisa Vorraber; BUJES, Maria Isabel (org.). *Caminhos Investigativos III*: Riscos e Possibilidades de Pesquisar nas Fronteiras. Rio de Janeiro: DP&A, 2005.

MONTEIRO, Myrna S. História dos Movimentos Surdos e o Reconhecimento da Libras no Brasil. Educação Temática Digital, Campinas, v. 7, n. 2, p. 292-302, jun. 2006.

MORIN, Edgar. A Epistemologia da Complexidade. *In:* MORIN, Edgar; MOIGNE, Jean-Louis Le. *A Inteligência da Complexidade*. São Paulo: Peirópolis, 2000.

MORIN, Edgar. *O Método 3*: o Conhecimento do Conhecimento. Tradução de Juremir Machado da Silva. 2. ed. Porto Alegre: Sulina, 2002.

MORIN, Edgar. *Educação e Complexidade*: os Sete Saberes e Outros Ensaios. São Paulo: Cortez, 2009.

MORIN, Edgar. *A Cabeça Bem-Feita*: Repensar a Reforma, Reformar o Pensamento. Rio de Janeiro: Bertrand Brasil, 2010.

NÓVOA, Antonio. Para uma Formação de Professores Construída Dentro da Profissão. *In:* NÓVOA, Antonio. *Professores*: imagens do futuro presente. Lisboa: Educa, 2009.

NÓVOA, Antonio. Apresentação. *In:* CAMBI, Franco. *História da Pedagogia*. São Paulo: EdUNESP, 1999.

NÓVOA, Antonio (org.). *Os Professores e a sua Formação*. 2. ed. Lisboa: Nova Enciclopédia, 1992. 1995.

OLIVEIRA, Inês Barbosa de; SGARBI, Paulo (org.). Apresentação: a invenção cotidiana da pesquisa e de seus métodos. *Educação & Sociedade*, Campinas, v. 28, n. 98, p. 15-22, jan./abr. 2007.

PAIS, José Machado. Cotidiano e Reflexividade. *Educação & Sociedade*, Campinas, v. 28, n. 98, p. 23-46, jan./abr. 2007.

PEREIRA, Maria Cristina da Cunha; CHOI, Daniel; VIEIRA, Maria Inês; GARPAR, Priscilla; NAKASATO, Ricardo. *Libras*: conhecimento além dos sinais. São Paulo: Pearson Brasil, 2011.

PÉREZ DE LARA, Núria. Escuchar al Otro dentro de sí. *In:* LARROSA, Jorge; SKLIAR, Carlos. *Experiencia y Alteridad en Educación*. Buenos Aires: Homo. Sapiens; FLACSO, 2009. (Colección "Pensar la educación"). p. 143-160.

PERLIN, Gladis; Karin STROBEL. *Fundamentos da Educação de Surdos*. Florianópolis: [*s. n.*], 2006.

QUADROS, Ronice; KARNOPP, Lodenir. *Língua de Sinais Brasileira*: Estudos Linguísticos. Porto Alegre: Artmed, 2004.

ROCHA, Solange. *O INES e a Educação de Surdos no Brasil*: Aspectos da Trajetória do Instituto Nacional de Surdos em seu Percurso de 150 Anos. Rio de Janeiro: INES, 2008.

SACKS, Oliver. *Vendo Vozes*: uma Viagem ao Mundo dos Surdos. São Paulo: Companhia das Letras, 2010.

SAMPAIO, Carmen Sanches; VENÂNCIO, Ana Paula. Uma Experiência de Formação Docente (Com)Partilhada: a Questão da Alfabetização, da Surdez e da Diferença no Cotidiano da Sala de Aula. *In:* SAMPAIO, Carmen Sanches; PEREZ, Carmen Lúcia Vidal (org.). *Nós e a Escola*: Sujeitos, Saberes e Fazeres Cotidianos. Rio de Janeiro: Rouvelle, 2009. p. 53-73.

SAMPAIO, Carmen Sanches. Mediação pedagógica: o Papel do Outro no Processo de Ensino-Aprendizagem. *Ciclos em revista*, [*S. l.*], v. 1, p. 71-80, 2007.

SANTOS, Boaventura de Sousa. *Introdução a uma Ciência pós-Moderna*. Rio de Janeiro: Graal, 1989.

SANTOS, Boaventura de Sousa. Para uma Pedagogia do Conflito. *In:* FREITAS, Ana Lúcia de Souza; MORAES, Salete Campos de (org.). *Contra o Desperdício da Experiência*: a pedagogia do Conflito Revisitada. Porto Alegre: Redes Editora, 2009.

SANTOS, Boaventura de Souza. *Um Discurso Sobre as Ciências*. 7. ed. São Paulo: Cortez, 2010.

SANTOS, Boaventura de Sousa; MENESES, Maria Paula (org.). *Epistemologias do Sul*. São Paulo: Cortez, 2010.

SARAMAGO, José. *O Homem Duplicado*. São Paulo: Companhia das Letras, 2008.

SERPA, Andrea. *Quem São os Outros na/da Avaliação: Caminhos Possíveis para Uma Prática Dialógica*. 2010. 217p. Tese (Doutorado em Educação) – Programa de Pós-Graduação em Educação, Universidade Federal Fluminense, Rio de Janeiro, 2010.

SILVA, Tomaz Tadeu da. A Produção Social da Identidade e da Diferença. *In:* SILVA, Tomaz Tadeu da; HALL, Stuart; WOODWARD, Kathryn (org.). *Identidade e Diferença*: a Perspectiva dos Estudos Culturais. 9. ed. Petrópolis: Vozes, 2009. p. 73-102.

SILVA, Tomaz Tadeu. *Documentos de Identidade*: uma Introdução às Teorias do Currículo. Belo Horizonte: Autêntica, 2011.

SKLIAR, Carlos. *Pedagogia (improvável) da Diferença*. E se o Outro não Estivesse aí? Rio de Janeiro: DP&A, 2003.

SKLIAR, Carlos. A Questão e a Obsessão do Outro pela Educação. *In:* GARCIA, Regina; GIAMBIAGI, Irene; ZACUR, Edwiges (org.). *Cotidiano*: Diálogos sobre diálogos. Rio de Janeiro: DP&A, 2005. p. 49-62.

SKLIAR, Carlos. Fragmentos de Experiencia y Alteridad. *In:* LARROSA, Jorge; SKLIAR, Carlos. *Experiencia y Alteridad en Educación*. Buenos Aires: Homo. Sapiens; FLACSO, 2009a. (Colección "Pensar la educación"). p. 143-160.

SKLIAR, Carlos. O Argumento da Mudança Educativa. *In:* SAMPAIO, Carmen Sanches; PEREZ, Carmen Lúcia Vidal (org.). *Nós e a Escola*: Sujeitos, Saberes e Fazeres Cotidianos. Rio de Janeiro: Rouvelle, 2009b. p. 15-35.

SKLIAR, Carlos. Os Estudos Surdos em educação: Problematizando a Normalidade. *In:* SKLIAR, Carlos (org.). *A Surdez*: um Olhar Sobre as Diferenças. 4. ed. Porto Alegre: Editora Mediação, 2010. p. 7-32.

SKLIAR, Carlos. Conversar e conviver com os desconhecidos. *In:* FONTOURA, Helena Amaral da (org.). *Políticas Públicas, Movimentos Sociais*: desafios à Pós-graduação em Educação em suas múltiplas dimensões. Rio de Janeiro: ANPEd Nacional, 2011. p. 27-37.

SKLIAR, Carlos. *Experiências com a Palavra*: Notas sobre Linguagem e Diferença. Rio de Janeiro: Wak Editora, 2012.

SOARES, Maria Aparecida Leite. *A Educação do Surdo no Brasil*. Campinas; Bragança Paulista: Autores Associados; EdUSF, 1999.

SOUZA, Regina Maria de. Entre Pontos e Contrapontos. *In:* ARANTES, Valéria Amorim (org.). *Educação de Surdos*. São Paulo: Summus, 2007. (Coleção Pontos e Contrapontos).

STROBEL, Karin. *As imagens do Outro sobre a Cultura Surda*. Florianópolis: EdUFSC, 2008.

STROBEL, Karin. *História da Educação de Surdos*. Florianópolis: [*s. n.*], 2009.

Unesco. *Declaração de Salamanca:* Necessidades Educativas Especiais. Salamanca: 1994.

VEIGA-NETO, Alfredo. Olhares... *In:* COSTA, Marisa Vorraber (org.). *Caminhos Investigativos I*: Novos Olhares na Pesquisa em Educação. 3. ed. Rio de Janeiro: Lamparina Editora, 2007. p. 23-38.

VYGOTSKY, Lev Semyonovich. *A Formação Social da Mente*. 7. ed. São Paulo: Martins Fontes, 2008.

WCEFA. *Declaração mundial sobre educação para todos e Plano de ação para satisfazer as necessidades básicas de aprendizagem*. Jomtien, março de 1990.

WILCOX, Sherman; WILCOX, Phyllis Perrin. *Aprender a ver*. Rio de Janeiro: Arara Azul, 2005.